Haffmans' Helfende Hand-Bibliothek

ALBRECHT SCHAEFFER

Traumdeutung

Zwei Erzählungen
und eine Theorie zur
Psychoanalyse
Herausgegeben und
mit einem Nachwort von
Bernd Rauschenbach

Haffmans Verlag

Umschlagzeichnung von
Bettina v. Bülow

1.–2. Tausend, Herbst 1985

Satz: Farbendruck Weber AG, Biel
Herstellung: Mühlberger, Augsburg
ISBN 3 251 00069 1

Inhalt

TRAUMDEUTUNG

Dies ist ein Ding, das keiner voll aussinnt,
Und viel zu grauenvoll, als daß man klage:
Daß alles gleitet und vorüberrinnt,
Und daß mein eigen Ich, durch nichts gehemmt,
Herüberglitt aus einem kleinen Kind
Mir wie ein Hund unheimlich stumm und fremd.

HOFMANNSTHAL

Im folgenden erlaube ich mir, ein Diktat meines gnädigen Herrn aus dem Tagebuch zu geben, geschrieben während der Überfahrt von Bremerhaven nach New York, in der Nähe der Insel Madeira. Li

I

Abends an Deck. Ich erinnere mich nicht, den Atlantik je so blau gesehen zu haben. Man möchte an das Mittelmeer denken, doch ist der Charakter heute mehr nordisch: die ganze Dämmerung ist so blau wie überm friesischen Wattenmeer. Nur das Rettungsboot dort links schimmert kalkweiß. Es ist angenehm leer. Dort hinten lehnt jemand an der Reeling, der alte Mann, der wie Tizian aussieht. Schade, daß er kein purpurnes Gewand am Leibe hat statt seiner blauen Jacke mit weißen Hosen.

Ah, und da höre ich wieder die singende Stimme aus dem Zwischendeck. Li, hörst du? Wo ist denn Li? Ah, da hockt er neben meinem Liegestuhl – ich glaube, ich schlafe schon halb – seinen Kodak im Schoß, mit dem er sich auf die wilden Amerikaner stürzen will. Li, verstehst du, daß diese Stimme, dieser unermeßlich tiefe Alt Gnade ist? Morgen, Li, suchen wir nach der Sängerin im Zwischendeck. Sicher ist sie häßlich, ich höre es an der Stimme, daß sie alles an sich gerissen hat, was Leib und Seele eines Menschen auszeichnen kann. Aber man muß sehn, wer sie ist. Ich vermute Zusammenhang mit diesem merkwürdigen Italiener im Gehrock – sie singt Italienisch –, der dahergestelzt kam wie ein Marabu, einen Höcker vor der Brust und den riesigen gelben und schwarzen kantigen Kopf tief zwischen den Schultern.

Göttlich diese Stimme, Abend für Abend! Manchmal überrauscht sie die Bugwelle des Dampfers, sie erlischt, und dann zieht wieder der tiefe Gesang über das blaue Gewässer wie ein silbernes Schiff mit schwarzen Segeln. Ich bin hingerissen. Warum fährt sie im Zwischendeck?

Meerrettich, geh weg! Du störst mich! Grad drei Schritte von mir muß der scheußliche Jüngling sich aufstellen in seinem hellgrauen Anzug mit seinem Meerrettichkopf. Eine Stange Meerrettich verdickt sich in einer plötzlichen Schwellung am Ende, ist abgeplattet, und aus der Platte steht ein grüner Strunk. So ist der Schädel des Jünglings oben geschwollen, die Stirn neigt sich vornüber, er hat Plieraugen, der Schädel ist flach wie eine Plattform, darauf steht ein Halmfeld von weichen, dünnen, weißen Borsten, auf die er zuweilen die flache Hand drückt. Scheußlich! Nun geht er weg.

Schläfst du, Li? Warum stehst du auf? Hundertundsiebenunddreißig Mal habe ich dir gesagt, du sollst dich nicht so tief verbeugen. Was ist, Li? Er sagt, ich möchte in den Saal kommen, die Herrschaften warteten schon. Richtig, ich soll ja begleiten. Also gehen wir in den Klaviersaal. Da steht ja schon der Flügel! da sitzt das ganze Publikum. Alles wartet auf die Sängerin. Setzen wir uns und präludieren ein wenig. Was ist los? Die Küste in Sicht? Warum solche Aufregung? Aber nun müssen wir wieder an Deck und die Küste sehn.

Ja, da ist sie ja, die schöne, weiße Küste! So hatte ich mir Amerika nicht vorgestellt. Aber was denn, wir sind ja auf dem Wege nach Italien, dies ist Amalfi, die weißen Felsen, und da steht unser Hotel von damals auf der Felsenzunge ganz vorn über der blauen See. Früher war der Landungssteg auf der andern

Seite, aber es ist bequemer für die Hotelgäste, daß sie ihn hierher verlegt haben. Angenehm, das Boot ganz für mich allein zu haben. Li, wenn man nur ein Ruder hat, muß man hinten stehn wie der *poppe* auf der *poppa* in Venedig. Das dauert ja endlos, Li, mit dem einen Ruder, du wirst nie fertig werden! Na, endlich der Landungssteg! Reizend, da steht man gleich mitten im Zimmer, – genießen wir die Aussicht. Oh wunderbar! oh göttlich, diese Abendfarben! Der Himmel ist grün wie ein Kleid, das Meer darunter grauer Atlas, und kostbar darin dieser Schwarm von purpurnen Segeln, der langsam vorüber treibt.

Ach, und die singende Stimme, da ist sie ja wieder! Sie muß unterm Fenster stehn, ich gehe hinunter, ich muß sie sehn, diese unsterbliche Bianca, ich liebe sie unermeßlich, sie ist schön wie Britomartis, die mit goldenen Netzen aus dem Meere der Mond zog, – schnell, ehe es Nacht wird. Teufel, wie dunkel ist diese Treppe, und wo ist denn die Tür? Es muß doch eine Tür da sein! Da habe ich sie, es ist wahrhaftig Nacht geworden, ich werde viel zu spät ins Theater kommen, es brennen ja kaum Laternen auf der Straße, ganz dahinten steht eine, es muß schon auf Morgen gehn. Aber da pilgern ja noch Menschen zum Theater, ich muß mich beeilen, überall gehn sie ganz still, und ich – oh verflucht, ich habe bloß meine Unterhosen am Leib, wenn es nur keiner sieht! Wenn sie nur fest sitzen! Ja, sie sitzen sehr gut, es scheint auch niemand zu sehn, – nein, keiner sieht nach mir. Und hier ist der Eingang, etwas klein für die Oper, aber es ist ja der Bühnenaufgang, natürlich, ich soll ja als Statist auftreten, wenn ich nur nicht zu spät komme zum Anschminken, und diese Wendeltreppe nimmt kein Ende, ich kann gar nicht mehr steigen, meine Knie sind lahm, das ist ja – scheußlich . .

Gott sei Dank, ich wäre doch oben. Der Saal ist zwar groß, aber recht niedrig, und es ist ja noch nichts fertig, überall stehen Menschen umher. Und da kommt ja Lavinia! Sie ist es, ich dachte, sie sei schon hundert Jahre tot, nun um so besser! Und nun ist sie hier Sängerin. Warum ist sie so ärgerlich? Kein Flügel wäre da? Aber da hinten steht doch der Flügel! Warum sieht sie ihn denn nicht? Ah, und da ist ja auch Vater Tizian in seinem roten Dogenkleid, sitzt ganz still da und malt. Nein, er schreibt ja, warum soll er auch nicht schreiben?

Nein, was hat er denn eigentlich vor da, zusammen mit Li? Li ist bemerkenswert groß geworden in den letzten Jahren und sieht in weißen Hosen und schwarzer spanischer Jacke noch einmal so gut aus. Ah, sie haben einen Kodak! nein, es ist eine Harmonika, mein Vater will Harmonika spielen, nun still! die Oper fängt an, bitte, lassen Sie mich durch, ich muß auf die Bühne, sehen Sie nicht, daß ich ein Kostüm trage, ich bin Statist! Bst, leise, auf den Zehn! Da ist die Kulisse! wie finster es ist! Ah, die Sängerin! Aber ich werde sie auf der Bühne gleich besser hören! Wenn ich nur erst darauf wäre, ich muß über all dies Gerümpel wegsteigen. So, da ist die Bühne. Ein schöner Garten mit bunten Lampions, eine italienische Nacht, im Hintergrund eine Brüstung, ja, da ist der Abgrund, in den er hinabgestürzt wird. Vorn am Flügel sitzt der Pianist mit langen Haaren, die Sängerin stellt sich neben ihn, sie ist ganz nackt und wie häßlich! Ich verstehe nicht, daß die Leute nichts einzuwenden haben gegen diese bare Schande! Ach so, das ist ja nur hier unten im Parkett, da bin ich wieder den falschen Weg gegangen, wie komme ich nun auf die Bühne?

Diese Treppe scheint hinauf zu führen. Richtig, das ist sehr hübsch, die Leute können vom Proszenium auf die Bühne steigen und alles von den Galerien darüber ansehn; fortwährend steigen sie hinauf und hinunter, sie kümmern sich gar nicht um die Vorgänge auf der Bühne. Ach, ich verstehe, dies ist ein öffentlicher Durchgang! Der Vorhang ist ja drüben und die Zuschauer sitzen auf der andern Seite.

Da geht er in die Höhe. Etwas höher könnte er schon gehn, sonst wird die Galerie nichts zu sehn bekommen. Und nun singt die göttliche Sängerin. Sie ist als Lavinia gekleidet, man giebt die ›Sängerin‹ von Hoffensdal, und ich bin der Abenteurer. Die Sängerin tritt zum letzten Mal auf, ihr Mann ist von einer solchen Eifersucht auf ihre Stimme, daß sie nicht mehr singen darf, aber sie kann bald aufhören zu weinen, es wird alles anders kommen. Nun trete ich mit dem verwachsenen Maestro an die Rampe, er unterrichtet mich von der Verschwörung, sein Gehrock flattert dramatisch, ich muß auch einige pathetische Gesten machen, wenn ich auch nur Statist bin, er singt: heute abend beim Fest wird er dem Gatten Gift geben und ihn in den Abgrund stürzen. Da kommt ja schon der Gatte mit seinem Meerrettichkopf und deklamiert von seiner Eifersucht.

Das Fest ist im Gange, dahinten umringen sie mit ihren rauschenden Kleidern die weinende Sängerin. Wo ist denn nun der Wein? In einem Wasserglase? Man hätte schon einen Pokal nehmen können. Nun trinkt er und singt: Ich sterbe! ich sterbe aus der großen Kunst! Der Maestro nimmt ihn unter den Arm und führt ihn in den Hintergrund, da fällt er schon ganz weich zusammen und die Treppe hinunter. Jetzt muß furchtbare Aufregung markiert werden. Mordio! mordio! Alles rennt ganz natürlich durcheinander. Da liegt er auf der Erde, höchst natürlich nachgemacht aus Pappe. Nun darf die Sängerin wieder singen. Sie geht an den Flügel, dieser Pianist präludiert endlos, sie will doch singen, er soll aufhören! Endlich! Sie öffnet den Mund! Entsetzlich! Sie bringt keinen Ton hervor! Was ist denn? Immerzu spielt der Pianist, sie macht den Mund auf und zu, ja, das ist hystrical, es kommt von dem Schreck, aber wie entsetzlich, so für immer verstummt zu sein! Der Vorhang kann fallen. Gehn wir nach Hause.

Wenn ich nun bloß den Weg zum Völkerschlachtdenkmal finden könnte! So spät in der Nacht fährt natürlich keine Bahn mehr, ich muß zu Fuß gehn, aber ich weiß genau, ihr Vater schrieb, sie wohnten jetzt im Völkerschlachtdenkmal, sehr bescheiden, ja, aber seit sie nicht mehr singen kann, muß er als Klavierspieler Geld verdienen. Da geht ja Li, dahinten! Halt, Li, warte doch! Zeig mir den Weg! Er sieht sich nicht einmal um! Er wird zu unverschämt, dieser Li, wenn ich ihn bloß einholen könnte, aber in diesem Sumpf geht sich zu schwer, ich möchte wissen, was er an den Füßen hat, daß er so schwebt! ah, nun schwebe ich auch, vorzüglich, hinauf und hinunter, es ist ganz wie Schlittschuhlaufen, und hier ist ja die Haustür. Sehr ärmlich, im Zwischenstand leben die Leute alle in einem großen Saal zusammen, und da ist er ja! Jesus, wie viel Betten übereinander! da muß man ja mit Leitern hinaufsteigen! Und dies Gewimmel und Gedränge, wie soll ich da die Sängerin finden? Nein, ist sie das nicht, die da auf dem Bett sitzt und dem Kind die Brust giebt? Diese Italiener tun alles öffentlich. Ja, drei Jahre ist eine lange Zeit, da bekommt man Kinder inzwischen. Guten Tag, Blicada, kennen Sie mich noch? Sie hat sich sehr verändert inzwischen, ist ganz blond geworden, aber geschminkt ist sie noch immer. Ja, wir wollen lieber nach nebenan gehn. Wer zupft mich denn da fortwährend am Ärmel? Lassen Sie mich doch los, ich liebe dies Mädchen, auch wenn sie keine Stimme mehr hat! Ach, Sie sinds, Mostrea? – Er hat sich auch sehr verändert, und den Höcker trägt er jetzt hinten. Ja, das ist nun so Mode. Warum spricht er so leise? Ich kann ihn kaum verstehn. Sie muß ihre Stimme wieder bekommen? Natürlich, aber wie? Wie gräßlich er lacht! Er hat etwas Satanisches vor, ich höre ihn noch immer lachen durch die Tür, aber nun wollen wir zu Abend essen. Es ist ein Jammer, daß dies arme Mädchen den Tisch selber decken muß! Sie sagt, das Essen würde gebracht. Sieh da, Fräulein Pasada kommt herein mit einer umflochtenen Weinflasche! Nein, es ist ja ein Korb, ein hoher brauner Henkelkorb voller Früchte. Sie setzt ihn auf den Tisch, die Sängerin packt aus, ich werde helfen, – herrlich! so feuerrote Weintrauben giebt es auch nur in Italien, nun kommen Tomaten und

Gurken, und nun? Jetzt kommt ganz etwas Großes in einer roten, venezianischen Schiffermütze! Vorsichtig am Zipfel herausheben! So! so! Da hätten wir es herausgenommen! Aber da löst sich unten der Rand der wollenen Mütze, das Große fällt heraus. Gräßlich! da steht der Kopf ihres Vaters auf dem Tisch und fletscht die Zähne! Haha! das haben wir großartig gemacht! ich habe ihn ja selber abgeschnitten und verpackt! Nun wird die Sängerin... Wo ist sie denn? Oh, sie ist schon ins Nebenzimmer gegangen, da steht sie am Flügel, ihr Vater sitzt am Flügel ohne Kopf, – nein, er hat schon wieder einen ganz kleinen. Ja, nun wird sie wieder singen können, der Plan war ausgezeichnet! Horch, sie singt! Oh wunderbar! Alles klatscht Beifall! Nicht so laut! Nicht so laut! sonst kann man ja nichts hören! Und was will denn Li wieder mit dem abgeschnittenen Kopf? Ach, das ist zum Totlachen, er fotografiert die Sängerin mit dem Kopf ihres Vaters! Das ist die tiefste Tragödie, die ich je im Theater gesehn habe. Das werde ich...

Ja, es war Zeit zum Aufwachen, fand ich.

Nachschrift, von mir, Li:
Unter dies entzückende kleine Traumstück ließ mein gnädiger Herr mich damals zum Abschluß die schönen Verse des Dichters Christian Morgenstern setzen: »Und er schrieb in seine Wochenchronik: Wieder ein Erlebnis voll von Honig!« die ich nun, weil sie mir so gut gefielen, dem ganzen, der Erinnerung des gnädigen Herrn gewidmeten Buch vorangestellt habe. Eigenhändig setzte er dann selbst noch zu meiner »Ehrenrettung«, wie er es nannte, – obgleich es deren wirklich nicht bedurft hätte! – darunter: »Daß Li unverschämt sei, habe ich, wie alles andre, nur geträumt«.

Danach war es mittlerweile Zeit zum Schlafengehn geworden, mein gnädiger Herr schickte mich fort, ich legte mich nieder, wurde aber nach kaum zwei Stunden wieder zu ihm gerufen. Ich fand ihn in seinem Bett sitzend, er rauchte, schien angeregt, wo nicht belustigt, und befahl mir, zu schreiben.

II

Eine überaus merkwürdige Kette von Zufällen und Zusammenhängen, die ich der Reihe nach festhalten will.

Nachdem ich Li den Traum diktiert hatte, saß ich noch eine halbe Stunde, mit meiner Zigarre und dem Traum beschäftigt. Wie des öfteren schon seit dem Studium der Freudschen Schriften über die Bedeutsamkeit der Träume, dachte ich über diesen nach und stellte diesen und jenen Bezug auf mein Leben im wachen Zustande her. Er gehörte – wenigstens in seinem Anfang – zu der Art von Träumen, die ich die leichten zu nennen pflege, deswegen nämlich, weil er seine Vorgänge und Gestalten dem wachen Zustande unmittelbar vorher mühelos entnahm – Li, den tizianischen Mann, den Meerrettich, die Sängerin –, während die schweren Träume entweder Vorgänge aus tiefer Lebensferne ergreifen oder schwer in das wache Leben verflochtene Gestalten, freundlich oder feindlich gesinnte Menschen von engster Beziehung zum Träumenden. In weite Lebensferne führte er mich, so weit ich sehen kann, nur einmal zurück, denn der Saal, den ich betrat, und in dem die Lavinia mir entgegen kam, war der Hängeboden in meinem elterlichen Hause, wo ich, in einem Verschlag, als Junge verbotene Bücher zu lesen pflegte. Im übrigen bekräftigte auch er wieder den ersten Lehrsatz der Traumauslegung, nach dem die Ursache jedes Traumvorgangs eine, im wachen Zustande empfundene und unterdrückte Regung von Hoffnung oder Befürchtung, von Wunsch ist, die der Traum ergänzt, zu Ende führt. Und so war die Vergiftung im Traum und der abgeschnittene Kopf ein Beleg für meinen alten Hang zu grausamen Dingen.

Nachsinnend noch über diesen peinlichen Umstand, diesen Wahrheitstrieb, der Vollendung von uns verlangt, Wahrheit gegen uns selbst, kam ein Gespräch mit Traugott[1] mir ins Gedächtnis, der sich hierüber ganz außerordentlich ereifert hatte. Allzu peinlich fand er dies, daß seine Träume ihn nötigten, Dinge zu tun, die er am Tage verabscheute, und er erzählte zum Beweis einen Traum von einem jungen Mädchen seiner Bekanntschaft, das ihn durch Taktlosigkeit empfindlich beleidigt

---

[1] Anmerkung: dem – ich glaube sagen zu dürfen: einzigen Freunde des gnädigen Herrn. Li.

hatte. Er hatte sie – im wachen Leben – nun deswegen nicht zur Rede gestellt, außer in Gedanken, sondern nur ihr Haus gemieden. Im Traum aber, sagte er, bin ich ihr wahrhaftig wieder begegnet und habe sie nicht nur hart angelassen, ja so hart, daß es mich selber geschmerzt hat, als ob ich in sie verliebt gewesen wäre, sondern ich mußte obendrein im Wachen bemerken, daß mich die nächtliche Heimtücke in ihr Haus zurückgeführt hatte, trotz meines festen und bei wachen Sinnen auch bequem durchgeführten Entschlusses, es zu meiden, und dies obendrein zu einer Zeit, wo mir jenes Erlebnis und die Gestalt der jungen Dame bereits längst aus dem Bewußtsein geschwunden waren. – Dies fand er äußerst unangenehm und schalt noch: Wir denken ja oftmals Albernes oder sogar ganz schlimme Sachen, Gehässiges, wir möchten manchmal jemanden umbringen, aber das tun wir doch nicht, bei Gott, und wer ists also, der unsre üblen Traumtaten aufs Gewissen zu nehmen hat, wir selber etwa? nein, dagegen sträubt sich denn doch die Gerechtigkeit, – und so weiter, so daß ich Mühe hatte, ihn zu überzeugen, daß, was er als Heimtücke eines

Traumes empfand, nur sein eigner Wahrheitstrieb war, der keine Halbheiten dulde; daß wir also, so halbe und dreiviertels Menschen wir zu sein scheinen, gleichwohl immer ganz sind, nämlich ergänzt von unsern Träumen.

Diese Gedanken nun ließen mich nach einem eigenen Traum suchen, und was kam, war die Erinnerung an ein winziges Traumstück, mehr als zehn Jahre alt, das sich mir damals aus einem besonderen Grunde eingeprägt hatte, so daß ich mich heute noch erinnern konnte. Es war aber sehr blaß geworden, und alles, was ich sehen konnte, war ein weibliches Gesicht, im Kusse mit dem meinen. Dieser Kuß – das wußte ich noch – war im Traum von einer überstarken, brennenden, fast orgiastischen Süße gewesen, das geküßte Geschöpf dagegen im Wachen mir vollständig unbekannt, und eben deshalb, weil ich noch Tage hernach mich zu erinnern vergeblich bemüht hatte, war mir der Traum im Gedächtnis haften geblieben. Und noch etwas sah ich. Unsere Haltung im Traum war ein genaues Abbild von einer sekundenlangen Kampfpose von zwei Ringenden, und diese Ringenden – das war mir damals schon erinnerlich, waren

Mitschüler von mir gewesen – in Wirklichkeit – auf dem Turnplatz.

Auch jetzt grübelte ich noch eine Weile nach jenem unbekannten Gesicht. War es möglich, daß ich es nie, und nur im Traum, gesehen hatte? Nein, unmöglich. So wenig ein Dichter eine Vision haben kann, sofern er nicht einmal etwas in Wirklichkeit sah, das Gegenstand einer Vision werden könnte, so wenig zeigt ein Traum uns niegesehene Dinge. Ein Beweis für unser Gedächtnis. Wir vergessen nichts, wir behalten all und jedes, und wenn wir uns nur erinnern könnten, wir würden für jede winzigste Traumfigur das Urbild in unsrer Vergangenheit aufdecken können. Und so zahllos unsre Träume sind, so zahllos auch unsre Erinnerungen, so ungeheuerlich der wahre Umfang unsres Gedächtnisses. Schließlich also, wenn ich mich aus Leibeskräften bemühen würde, so würde ich auch das vergessene Traumgesicht in meiner Lebensferne wiederfinden.

Bei diesem Gedanken mahnte der Stumpf meiner niedergebrannten Zigarre mich an die Zeit, ich legte ihn fort, begann mich zu entkleiden, da wurde an die Tür geklopft, und der Literaturprofessor M., auf dem Wege nach Boston, fragte, ob er mich noch stören dürfe. Eintretend streckte er mir ein Büchlein hin, freudestrahlend: ein polnischer Jude im Zwischendeck hatte den Bücherliebhaber in ihm gewittert und ihm das Buch – weiß Gott, wie er selber zu ihm gekommen sein mag – verkauft. Es waren die Gedichte jenes Lord Alfred Bruce Douglas, des berüchtigten Freundes von Oscar Wilde. Ich schlage es auf und erblicke vorn darin das gesuchte Antlitz meines Traums.

Das Bildnis des jungen Lords, eines Knaben von vielleicht siebzehn Jahren, eine lichtbraune Zeichnung von englischer Süßlichkeit, aber fein und so zart wie der farbige Abriß einer verdunsteten Molluske; die Züge waren die eines Mädchens unter geschnittenem, welligem Haar, mit großen, langbewimperten Augen und einem sehr süßen, halbgeöffneten Munde.

Und es war das Gesicht meines Traums. Der Professor schied, ich entkleidete mich, legte mich ins Bett, nun mit aller Kraft suchend nach dem wirklichen Gesicht. Denn dies des jungen Lords, das ich nie gesehen hatte, wie ich bestimmt wußte, das konnte ich im Traum nicht erblickt haben. Zuerst nun Länder,

Städte, Jahre meines Lebens, Straßen, Häuser aufs Geratewohl durchsuchend, als flöge ich im Dunkel durch tausend, bald grell erhellte, bald halblichte Szenen, immer diesem aufblitzenden, erlöschenden, winkenden Falter von Antlitz nach, fing ich langsam an sorgfältiger zu spüren und suchte nun, was ich gleich hätte tun sollen, eine Fährte. Die bekam ich durch das Lächeln des Bildes vom jungen Lord. So wie er lächelte, das wurde mir klar, so mußte ich auch mein Traumgesicht einmal in Wirklichkeit haben lächeln sehn, – ein seltsames, unbestimmtes Lächeln, nicht ohne Verlockung, aber doch ohne Sicherheit des Blicks, verlokkend aufs Geratewohl, so wie eine Frau lächeln mag, wenn sie den bewundernden, seinerseits verlockenden Blick eines fremden Mannes spürt und ihm mit halbem Lächeln antwortet, ohne ihn anzublicken. So aber hatte meine Unbekannte im Traum, als ich sie küßte, nicht lächeln können; da hatte sie geküßt, war mir auch viel näher gewesen, als in jenem Augenblick der Wirklichkeit, in dem ich sie so hatte lächeln sehn...

Aber ich ermüdete bald. Ich hatte zuviel Frauen gekannt und geküßt, um diese vergessene aus der Unzahl herausfinden zu können. Ich löschte das Licht und schlief alsbald ein.

Worauf ich erwachte und, glasklar, das folgende, eben geträumte Traumbild vor mir sah:

Zuerst ein Waldweg unter hohen Bäumen, mit Sonnenflecken bestreut, gelbsandig; über diesen Weg läuft ein kleines, lockiges Mädchen mit einer Puppe auf eine Bank zu, auf der eine Dame sitzt und liest. Nein, sie sieht über das Buch hinweg und lächelt, und ich selber gehe den Weg hinab an ihrer Bank vorüber und grüße sehr tief, aber sie grüßt durchaus nicht wieder, sondern sieht an mir vorüber irgendwohin und lächelt und – nun, was ist zu sagen, – ich erwachte und wußte nun alles.

Die Unbekannte war eine Bonne, die ich als Sekundaner oder Tertianer in mein Herz geschlossen hatte.[1] Ja, sehr ungemein heftig verliebt war ich gewesen, sie aber hatte sich

---

[1] Anmerkung: Hier hat mein gnädiger Herr, glaube ich, etwas zu erwähnen vergessen. Als Schüler, sagt er, sei er in jene Dame verliebt gewesen, aber auch in dem Jahre späteren Traum von ihr hatte sich eine Erinnerung an die Schülerzeit des Herrn Barons geschlichen, da er schrieb, die Haltung beim Kusse im Traum sei ein Abbild der Haltung von zwei ringenden Knaben gewesen. Es wäre also auch hier eine Fährte und ein Weg gewesen, um ihn in die Erinnerung zurückfinden zu lassen. Li.

unnahbar verhalten. Alsdann hatte ich sie vergessen, absichtlich ihr süßes Bild in meinem Inneren zerstört und mich andern Zielen zugewandt, allein was halfs? Drei, fünf, sieben Jahre später bemächtigte allgemeinstes Liebesbedürfnis sich ihrer im Traum, – und so ergab sich das reizendste Hin und Wieder: Zuerst Wirklichkeit – das Mädchen, in das ich verliebt war –, dann Traum – das Mädchen, das ich küßte, – wieder Wirklichkeit – das Bild des Lords Alfred Douglas, – und wieder Traum, – die Erinnerung. Traum vor zehn Jahren ergänzte mein gewaltsam abgerissenes Liebesempfinden, und Traum heute ergänzte mir die Erinnerung. Und so ist es ewig wahr:

Daß wir träumend die selben Gefilde beschreiten, mit den selben Füßen und gleichbeweglichem Herzen, an dem selben Ufer sie betretend, an das sich irgendwann einmal der wirkliche Kahn gelegt. Und daß nur das Klima, die Luft im Traumlande eine andre ist als in dem unsers Wachseins, so daß sich das Natürliche seltsam verwirrt, das Bewußtsein sich trübt, die Grenzen des Möglichen, die Grenzen der Zeit und des Raumes verschwinden. Wir leben leichter – und dumpfer, und wie wir niemals einen Schatten haben im Traum, so quillt statt dessen verhaltene Finsternis aus uns selber, Taten, Worte, Gedanken, böse, feindselig, beschämend, sorgfältig unter Wasser gehalten am Tag, bei Nacht losgelassen, häßliche Alben, mondsüchtig und verschlagen. Wie oft – im Traum – vor den Richtstuhl geschleppt, überfallen, erdolcht oder erdolchend, gepeinigt und peinigend, durch Straßen, Häuser, Nächte gejagt, bis zum letzten, fürchterlichen, aber weich sich auflösenden Sturz ins Erwachen – wer wurde es nicht!? Gefühllos und herzensunbeweglich bei Tag bewahrte sich mancher, – aber die Nächte? Bewunderungswürdige Lamas und Brahminen! Müssen sie nicht ihre Träume in eben der Gewalt gehabt haben wie ihr waches Gemüt, oder wie konnte ihnen sonst die mystische Abtötung ihres Fleisches gelingen? Die schlafende Seele, eine verruchte Penelope, trennt Nacht um Nacht auf, ja trennt in einer einzigen Nacht auf, was die versammelte Arbeit von tausend Tagen vor sich gebracht zu haben meinte. Plötzlich dann, in der arglosesten Nacht, schlagen die lichten Flammen aus dem Dach, – Selbstzündung – oder weil wir vor sieben Jahren vergaßen, einen Funken im Keller zu löschen? Wahrhaftigkeit. Wir müssen all und jedes bis an sein Ende führen. Wir sind immer ganz, aber wir kennen uns nicht halb, noch nicht ein Viertel. Ein Viertel uns Licht, ernähren wir in uns die drei Viertel Schatten, damit das Schwarze sich nachts, wenn wir schutzlos sind, los macht, wie der Uhu aus dem hohlen Baum lautlos auffliegt mit Flügeln von Samt. Wir sind eins mit dem Schwarzen, kennens nicht, wissen nichts, sind ewig unsre eigenen Verfolger, Ankläger, Richter, Peiniger, Hölle und Teufel.

Der Mensch
und das Feuer

Wenn etwas Neues zum Licht will – Tat, Werk oder Gedanke, so bedarf es, außer des eigenen Werde-Triebs, eines Widerstands außerhalb seiner selbst; es bedarf eines Feindes, um so, an ihm seinen Willen zum Leben kräftigend, sich emporzukämpfen, die letzte trennende Decke zu durchstoßen – oder aus Unklarheit und Gestaltlosigkeit die lebendige und geprägte Form zu gewinnen. Die großen Männer unserer Geschichte zeigen uns, wie sie wurden; sie verdanken ihre beste Kraft ihren Feinden.

So waren es – in erheblich bescheideneren Grenzen – hypothetische Sätze über die *Zähmung des Feuers* in dem neuen Buche Sigmund Freuds über *Das Unbehagen in der Kultur,* die in mir einer seit langem gehegten Mutmaßung über die Erfindung des Feueranzündens nun zu einer Festigung verhalfen, sodaß sie sich aussprechen läßt. Wenn es daher nötig ist, daß ich mich zunächst gegen die Hypothese Freuds wende, so geschehe es nicht ohne die Erklärung, daß es das einzelne Wort ist, aber nicht der Mann, das ich zu bestreiten versuche, da ich für die seltene Persönlichkeit des Vieles wissenden und durch bedeutsame Entdeckungen der Menschheit wichtigen Gelehrten nur die größte Verehrung empfinde. Wobei ich noch davon absehe, daß seine Hypothese für ihn, abseits von seinem eigentlichen Weg liegend, von ihm nur gestreift wurde und, jedenfalls innerhalb der Grenzen jener Schrift, für ihn nicht von erheblicher Bedeutung war.

Die »ersten kulturellen Taten«, so sagt er, »waren der Gebrauch von Werkzeugen, die Zähmung des Feuers, der Bau von Wohnstätten.« Und er fügt zu der im nächsten Satz wiederholten Wendung »die Zähmung des Feuers« die folgende Anmerkung:

»Psychoanalytisches Material, unvollständig, nicht sicher deutbar, läßt doch wenigstens eine – phantastisch klingende – Vermutung über den Ursprung dieser menschlichen Großtat zu. Als wäre der Urmensch gewohnt gewesen, wenn er dem Feuer begegnete, eine infantile Lust an ihm zu befriedigen, indem er es durch seinen Harnstrahl auslöschte. An der ursprünglich phallischen Auffassung der züngelnden, sich in die Höhe reckenden Flamme kann nach vorhandenen Sagen kein Zweifel sein. Das Feuerlöschen durch Urinieren – auf das noch die späten Riesenkinder Gulliver in Liliput und Rabelais' Gargantua zurückgreifen – war also wie ein sexueller Akt mit einem Mann, ein Genuß der männlichen Potenz im homosexuellen Wettkampf. Wer zuerst auf diese Lust verzichtete, das Feuer verschonte, konnte es mit sich forttragen und in seinen Dienst zwingen. Dadurch daß er das Feuer seiner eigenen sexuellen Erregung dämpfte, hatte er die Naturkraft des Feuers gezähmt. Diese große kulturelle Eroberung wäre also der Lohn für einen Triebverzicht. Und weiter, als hätte man das Weib zur Hüterin des auf dem häuslichen Herd gefangen gehaltenen Feuers bestellt, weil ihr anatomischer Bau es ihr verbietet, einer solchen Lustversuchung nachzugeben. Es ist auch bemerkenswert, wie regelmäßig die analytischen Erfahrungen den Zusammenhang von Ehrgeiz, Feuer und Harnerotik bezeugen.«

»Phantastisch klingend«, so nennt er eingangs entschuldigend seine Hypothese, und schon diesem Wort muß ich widersprechen – und darf es wohl gerade deshalb, weil es ein Wort meines Lebens-Gebietes ist, das der Mann der Wissenschaft wählte. Ich kann nämlich diese Mutmaßung von den Anlässen zur Feuer-Zähmung unmöglich phantastisch finden, sondern vielmehr nur phantasielos: ja so ohne Phantasie, d.h. ohne Vorstellungskraft irgend realer Zustände oder Vorgänge, so theoretisiert, wie man es von einem Mann der Wissenschaft allerdings fordern möchte. Denn an menschliche Zustände welcher Art ist hier zu denken, welche Art Urzeit hier vorzustellen, welch ein Mensch und welch ein Feuer, dem sich »begegnen«, das sich auslöschen ließ? – Ehe ich aber auf diesem Weg fortfahre, ist es nötig, die von Freud mutmaßlich geäußerte Vorstellungskette gewissermaßen ins Reale zu härten, damit wir ihr eigentliches Ergebnis erfahren. Gesagt wird:

1) Ein Mensch begegnet einem Feuer.
2) Dies darf er nicht in Besitz nehmen und zu nutzen versuchen.
3) Sondern er muß den Trieb empfinden, es mit seinem Harn auszulöschen.
4) Diesen Trieb muß er unterdrücken, um sich
5) durch solchen Verzicht die Erlaubnis zum Besitz des Feuers zu verdienen.
6) Nun darf er es wegtragen.

Wie schon gesagt, meine Vorstellungskraft scheitert hier bei jedem Versuch zuzufassen. Allein es erheben sich noch andre, mir scheint, wesentlichere Fragen, nämlich: Läßt knabenhafter Mutwille, läßt solch ein Wunsch zu einer Trieb-Befriedigung sich vorstellen, in früher Zeit, einem Wesen wie dem Feuer gegenüber, das jedenfalls eine Kostbarkeit war, gleichviel ob eine geheiligte oder nur nützliche. Denn dies immerhin wissen wir, weil es noch heute so ist. Wir können Vieles in so ferner Vergangenheit zwar nur vermuten; das aber scheint sicher, daß in je früheren Zeiten das Feuer um so größere Ehrfurcht genoß, als ein ursprünglich vom Himmel gespendetes, furchteinflößendes und selber göttliches Wesen, wofür wir das Zeugnis der Mythen, das bekannteste in der von Prometheus haben. Etwas von dieser Ehrfurcht wird, denke ich, auch Professor Freud mir zugeben, aus demselben Grunde nämlich, aus dem er die religiösen Bedürfnisse der Menschheit aus ihrer Angst und Hülflosigkeit herleitet.

Unter dem Vielen, was wir nicht wissen, ist auch das: ob der Mensch als erstes ein vorhandenes, von einem Blitzstrahl entzündetes Feuer in Besitz nahm und aus ihm andre erweckte, oder ob er das Feuer nur kennen lernte aus dem Anblick, der ihm den Wunsch danach und ihn zu der Erfindung des Feuerschlagens erregte. Man mag geneigt sein, das Erste für richtig zu halten; wenn ich dagegen für das Zweite bin, so ist das freilich nur meine subjektive Empfindung, die ich mit Gründen kaum zu stützen weiß, aber die mich glauben läßt, daß den Menschen immer eine Scheu gehindert habe, die vom Himmel gefallene Flamme zu berühren. Oder sie mag ihm auch wie ein Untier erschienen sein, das er nur von fern zu erlegen gewohnt war, aber nur als Verendetes anzutasten. Einer Mythe vom feuerspendenden Blitz erinnere ich mich nicht; dagegen gibt es zu denken, daß in der Sage Prometheus keineswegs die offene Flamme, sondern nur einen einzigen Funken in der Höhlung eines Rohrs zu den Menschen brachte. War das Ei eher da oder die Henne? Der Funken scheint dagewesen zu sein vor der Flamme. Und als seinen Ursprung nennt uns dieselbe Prometheus-Mythe die große Gebärerin selbst, die Sonne, worauf an späterer Stelle zu kommen sein wird.

Gleichviel aber, wie wir die Gewinnung des ersten Feuers uns vorstellen mögen: sobald es da war, mußte es geheiligt sein. Kostbar war es auf jeden Fall. Denn wenn sein Bestand gebunden war an seine Hut oder an die Möglichkeit, von der entfernten Mutter-Flamme ein neues zu holen, so war vor Allem diese selbst, war aber auch jede andre ein Heiligtum, dessen Vertilgung dem Tilger gewiß eine ähnliche Strafe eintrug wie das Auslöschen eines Menschenlebens. Sehr wahr beginnt deshalb Johannes V. Jensen seine Saga vom Menschen der Eiszeit im »Gletscher« mit der Verbannung dessen vom Stamm, der die Hut des heiligen Feuers versäumte. War den Menschen aber die Kunst des Feuerzündens mit dem Quirl bekannt, so darf für gewiß gelten, daß dies zauberhafte Instrument nicht in Jedermanns Hand war; daß es geheimer und mächtiger Besitz von Einzelnen – wahrscheinlich Priestern – war, – mit der gleichen Folge für Verehrung und Behütung der lebendigen Flamme. Ganz abgesehn von solchen grundbedeutenden Heiligungen – kostbar mußte das Feuer sein als Lebens-Wecker und Lebens-Erhalter, mit seiner Wärme, seinem Licht, seiner Kraft, Nahrung zu bereiten, Ton zu härten, Metall zu erweichen.

»Wenn er dem Feuer begegnete«, sagt Freud. Aber Wer war es denn, und wie begegnete man einem Feuer? Herdfeuer – gab es ein andres? Oder wäre ein im Walde, vom Blitzstrahl entzündetes vorgestellt? Nach Allem, was ich gehört oder selber gesehn habe, ist es das seltenste Vorkommen, daß ein Baum vom Blitz in Brand gesetzt wird. Und nun sollte Jemand solchem Feuer begegnen und Nichts wissen, als sich in solcher Weise dazu zu verhalten? Nicht als ob ich solches Verhalten an sich in Abrede stellen wollte; ein derartiges Antworten auf die Gebärde der Flamme, ein Verlangen derartig leibhaft mit ihr in Verbindung zu kommen, liegt nicht außerhalb des Vorstellbaren. Denn es hat Empfindungen, Bräuche, sogar Heiligungen gegeben, die nicht unsere waren, und wenn der Harn und seine Entleerung ins Feuer uns unanständig erscheint, so braucht das beim frühen Menschen deshalb durchaus nicht so gewesen zu sein. Wiederum aber ist es die Absicht des Auslöschens, die mir unverständlich bleibt, während eine Teilnahme am Lebendigen mir eher vorstellbar wäre, die es höher aufprasseln läßt, um durch gesteigertes Tanzen und Lodern wieder die Lebenslust des Entfachenden zu steigern. Alldies ganz hypothetisch gesagt, denn die Basis, das Feuer selber und die Begegnung mit ihm, bleibt unbetretbar. Unbetretbar letzthin – weshalb? Weil es Zufall wäre, was wir beträten. Aber die Zähmung des Feuers kann mit Zufälligkeit so wenig zu tun gehabt haben wie die Entdeckung Amerikas oder der elektrischen oder der Dampfkraft oder irgend einer der großen Erfindungen und Entdeckungen, die allesamt aus dem Geist entsprangen, aber nicht aus der Realität.

Allein die gedachte Begegnung des Menschen mit einem Feuer war nur Anlaß und Anfang. Worin bestand seine Zähmung? – Nein, sagt Professor Freud, diese ist ja bereits erfolgt; weil der Mensch sich selber bezähmte, bezähmte er das Feuer. Und wenn mit diesem inneren Vorgang auch realiter Nichts geschehen ist, so halten wir doch hier eine glaubhafte Wahrheit: daß nämlich nur der Mensch zu einem Bund mit dem Feuer gelangen konnte, der erfuhr und wußte, daß Feuer ein nicht nur in der Natur außerhalb seiner selbst

Vorhandenes, daß Feuer auch in ihm selber war. Und hieran werden wir uns später erinnern.
Ich gehe nun ohne weiteres daran, diejenigen Momente auszubreiten, die sich in meinem Denken zu verschiedener Zeit einstellten und zusammenfügten; eine Frage zuerst.

Die Frage war: wie lernte der Mensch das Feuermachen? Wie, meine ich, kam er zu der Erfindung des Feuer-Quirls, jenes Instrumentes, das bei stehen gebliebenen Völkern noch heute, soviel ich weiß, im Gebrauch ist, und das aus einem Stabe von Hartholz besteht, der zugespitzt in die vertiefte Stelle eines weichen Holzes gesetzt und nun mit den Händen oder auch vermittels einer Bogensehne gequirlt, durch seine Umdrehung in dem Weichholz Hitze, Glut, Feuer erzeugt, einen Funken, der in trocknem Laub oder Zunder aufgefangen der Keim der lodernden Flamme ist. – Ja, wie verfiel der Mensch darauf es so zu machen? Wer hat ihm gewiesen, daß geriebene Hölzer sich bis zum Brennen erhitzen? Wo in seiner Welt gab es einen Anlaß, derlei etwa zu versuchen? – Wenn ich antworte, ich sehe keinen, so kann ich gleich hinzufügen: ich wünsche auch keinen zu sehn. Denn ich bin sicher, damit die gleiche Grundlage zu betreten, deren Gültigkeit ich bereits weiter oben bestritten habe: die des Zufalls. Die Erfindung, vor der wir noch heute bewundernd stehn, kann wie all ihre späteren Schwestern nicht erzeugt sein durch Anlaß irgend einer Realität; sondern ihrer aller Erzeuger war eine vorgefaßte Idee. Die großen technischen Entdeckungen wurden in der Theorie gemacht; oftmals erst sehr spät, oft aus einem ganz andern Hirn, folgte die Praxis.

Ideen, wie wir sie kennen, hatte der Frühmensch wohl keine. Was er hatte, war sein ganzes, ihm vermutlich unteilbar scheinendes Wesen, in dem er zwar nicht, wie wir Heutigen, Geist, Seele, Herz, Gedanke, Trieb, Willen, Verstand, Sexus, Bewußtsein und Unbewußtsein und was immer unterschied; das aber – um so besser, um so sicherer vielleicht – so beschaffen war, daß es ihm darreichen konnte, daß es aus sich entspringen ließ, was es eben bedurfte; daß es Erfahrungen sammelte, nicht in Menschenaltern, sondern in Völkerzeiten und Jahrtausenden, die sich in der unterirdischen Nacht zu Kristall preßten, bis sie blitzten; daß solches Wissen sich ihm dann darreichen konnte nach oben hin, in seine Tatkraft hinauf, wo es nun Helle wurde, nun erst eine Erfahrung, eine Schau, eine Einsicht, eine Brauchbarkeit, ein Wissen, das sich dann aus ihm löste und Gestalt empfing von seiner Hand, als eine Art Etwas zu machen oder eine neue Erfindung.

Wiederum aber, wenn sein Wesen so war, so kann es darum für ihn kein Inneres, in ihm Beschlossenes gewesen sein, in das er hätte hineinsehn oder hineinhorchen können, um Etwas darin zu erfahren oder zu erkennen; so wie wir heute meinen, hören zu können auf: die Stimme des Herzens, die Mahnung des Gewissens, eine Ahnung, eine Botschaft des Unterbewußtseins; wie schon Homer seine Helden Gespräche führen ließ mit ihrer Seele, Gespräche ihres verzagten mit ihrem tapferen Ich, wo sie sich dann fragen: »Aber was redet denn mein lieber Geist mit mir Solches?« Sondern anzunehmen ist im Gegenteil, daß er innen aus sich Nichts erfuhr; daß er wie kein Späterer mehr in den äußeren Dingen lebte und ihrer Lebendigkeit inne war, insofern er nur von ihnen Alles erfuhr, was in ihm vorging, in ihrem Bilde sein eigenes Wesen sah und erkannte, so daß beispielsweise alles Feurige in der Welt für ihn etwas Einiges war, die Glut der Sonne auf seiner Haut, die Sonnenscheibe, der Blitz, das Feuer im brennenden Scheit und Feuer in seinem Innern, Feuer der Freude und Brand eines Schmerzes, Flammen-Qual eines Gifts oder einer Wunde und Flammen-Lust in seinem Geschlecht und die Flamme der Entehrung auf seiner Wange. All dies war Feuer eines einzigen gemeinsamen Ursprunges, und nur weil die Sonne brannte, konnte er eine Wallung in seinem Innern spüren als Brennen und ihrer gesondert inne werden und mit einem Namen bewußt. Wir sagen noch heute nicht umsonst, daß uns das Herz brennt oder das Antlitz vor Scham. Scham und Reue und Verzweiflung waren einmal wie die Lüste wirkliche Brände, dem Feuer der Sonne verwandt.

Daher, wenn eine Erfindung wie die des Feuermachens möglich wurde, so lag ihr Zeugungs-Ort im Innern des Menschen, die Zeugung jedoch geschah von außen; es war ein Funke der Außenwelt, der in das Innere fiel und den Gedanken erweckte.

Denn nicht den Blitz fing Prometheus mit einem Scheit, – und wie wäre das doch leicht gewesen für den Titan? Sondern er mußte die Glut aus der Sonne selber schöpfen – weshalb?

Die Art und Weise, wie er es tat, gab mir die erste Andeutung, eine Vorantwort auf meine oben gestellte Frage. Er schwang sich nicht, wie gemeinhin vorgestellt wird, mit einem Kienspan zur Sonne empor, um ihn dort zu entzünden und mit lodernder Fackel herabzustürzen; eine Radierung von Klinger gibt solch ein Bild. Sondern die Sage gibt etwa die Vorstellung, daß er in den Raum eindrang, in dem der Sonnenwagen bei Nacht verwahrt wurde, und daß er nicht mehr als einen Funken nahm, den er im hohlen Stengel des Akanthos oder der Narthex-Staude, mit einem Markpfropfen verschlossen, davontrug.

Einmal erhob sich mir denn hier die Frage: Warum dieser Umstand? Warum statt der offenen Flamme aus dem offenen Quell der zarte geheime Funke im hohlen Rohr? In der Mythe ist Nichts ohne Sinn, Alles vielmehr mit tiefem Grund; und welches war nun der Grund für diese geheime und mittelbare Art, das Offene aus dem Offenen zu holen? Die Lösung, die ich aus mir selber kaum gefunden hätte, zeigten mir die Schlußverse des fünften Gesanges der Odyssee.

Nachdem erzählt wurde, wie Odysseus nakkend an das Ufer der Phaiaken trieb, dann im Wald sich ein Lager unter dichtem Gestrüpp machte und sich zur Erwärmung mit Laub überschüttete, heißt es dort:

> Wie wenn Einer einen Brand mit dunkler Asche verhüllte,
> Am äußersten Rand des Ackers, wo keine Nachbarn dabei sind,
> Den Samen des Feuers wahrend, damit er ihn nicht von anderswo holen müßte,
> So verhüllte sich Odysseus mit Blättern.

Samen des Feuers, heißt es, sperma pyros.

Der Mensch aber, der sich Glut unter der Asche als Samen vorstellte, für den mußte auch der prometheische Funke im hohlen Stengel Same sein – oder auch Funke der Lust im männlichen Glied. Und nun, nachdem mir die Verbindung im Sexus gegeben war, nun lag der Schluß mit der Lösung meiner Frage nach dem Feuerquirl nahe genug. Feuer war Feuer; das Feuer der sexuellen Erregung im Gliede, im ganzen ergriffenen Leib war wirkliches brennendes Feuer, dem Feuer der Sonne entstammt. Es wurde aber erzeugt durch die Reibung des Harten im Weichen, und so gibt uns der Stab von Hartholz beim Feuerquirl, der in die Vertiefung im Weichholz gesetzt wird, das genaue Bild des sexuellen Aktes, nur daß die praktisch nicht ausführbare Bewegung des Auf und Nieder in die des Herumwirbelns* verändert wurde: das war das, was die Praxis zur Schöpfung der Erfindungs-Tat beitragen konnte; die Theorie war vorgefaßt in der inneren Welt, im leiblichen Feuer, in der ausbrechenden Flamme der Lust, die auch die Seele verzehrte. Zum Ereignis aber konnte Dieses nur werden durch jenes Einigkeits-Bewußtsein des Mannes mit seiner Welt. Das Feuer in seinem Leib konnte ihn zu keiner Denkverbindung mit der Entstehung von Feuer in Holz bringen, wenn er das innere nicht wie ein äußeres Feuer verstand; dies wie jenes hatte ihm Einen Ursprung – die Sonne. Nicht im Blitz konnte er sein, denn der war selten, flüchtig, ein- oder mehrmalig zuckend;

---

* *Anmerkung d. Herausg. B.R.:* Vgl. M. Hirschfeld, Sexualpathalogie 1. Teil, Bonn 1917, S. 138: »So berichtet Günther Teßmann von dem westafrikanischen Negerstamm der Pangwe, daß sie bei der Onanie dadurch die Geschlechtslust auslösen, daß sie das Glied ›quirlen‹.«.

grade der Blitz konnte ihn Nichts lehren, weil er offen springend die offene Flamme schlug, die kein Gutes war, keine Wohltat, sondern unbezähmbar, gierig, mörderisch, nicht zeugend oder nährend, sondern nur grausam und tödlich. Die Sonne jedoch war immer, war auch im Winter, war Jahrtausende her die unwandelbar gleiche, war der Urquell des Lichts und der Wärme, Ursprung aller Güte im Sommer, Ursprung allen Jubels im Frühjahr. Es war Sonne, die im Leibe des Mannes aufbrach durch die Umarmung des Weibes; es war auch Sonne, die im Herdfeuer brannte. Wir hätten keine Prometheus-Sage und keine Feuer des Jul und der Sonnenwende, wäre nicht da wie dort, im Herdfeuer und im eigenen Schoß für den Menschen Sonne gewesen.

Somit, scheint mir, bin ich mit meiner Hypothese – andres als das kann es nicht sein, obwohl meine Ausführungen positiven Charakter notwendig annehmen mußten, weil keine andre Darstellungs-Art möglich ist, – bin auch ich zu der gleichen Stelle gelangt wie Freud, zum *sexuellen Ereignis* als dem *Ursprung zur Zähmung des Feuers,* wenn ich ihn auch nicht so losgelöst aus der übrigen Welt, nicht so allein triebgebunden sehe, sondern vielmehr nur als den irdischen Gegenpol eines im Kosmos ruhenden Pols. Auch scheint mir nicht unwichtig, daß ich den Ursprung der Tat nicht in einem abseitigen, wie der Psychoanalytiker sagt, infantilen Trieb, sondern in dem zentralen Ereignis selber fand, das nicht Lust allein bedeutet, sondern vor allem auch Zeugung. Wenn ich aber auch die Prägung »Zähmung des Feuers« brauchte, so wäre diese Zähmung noch zu erläutern als eine, die sich zur Flamme in keiner Weise feindlich, nicht Gewalt übend, nicht einschränkend oder unterdrückend verhält. Denn woran der Mensch sich wagte, und was er in Dienst gewann, das war ja nicht die offene rebellische Flamme, nicht Gewalt, nicht einmal Kraft; es war kein Löwe, sondern es war wie das Saatkorn im Acker; es war der schwache, kraft- und hilflose Funke, den ein Fingerdruck löschen konnte; der gefahrlose, den es nicht zu bändigen galt, sondern vielmehr erst zu beleben, anzufachen, zu nähren, zu schützen und pflegen. Es war ein Kind. Väterlich betätigte sich der Mensch an der kindlichen Flamme und mütterlich zumeist tut er es noch heute. Kindlichkeit spielt in den tanzenden

Flammen; wer jemals einen Abend lang vor dem Kaminfeuer saß, hat das Kindliche des leichten Flammen-Getümmels gewiß empfunden mit dem gleichen Mannes- und Vater-Behagen, mit der es in seiner Höhle der Mensch der Frühe empfand. Kann auch aus den Spielen des goldenen Kindes sich unversehens ein ungebärdiger und wahllos zupackender Jüngling recken: der väterliche Hüter des Feuers kennt sein Maß, das er selbst ihm gegeben hat, und weiß, daß er schadlos und gebändigt bleiben muß, denn er selbst hat ihn gezeugt und erzogen; er ist stärker als Jener, den er in seiner zartesten, todnahen Hilflosigkeit kannte, und den er liebt, weil er ihn gütig, weise, im reinsten und schönsten Sinn väterlich behandelte, wie es kaum jemals ein Vater sein kann gegen einen leiblichen Sohn.

Aber die sind auch unzähmbarer als die Flamme.

Die Verwechselung

I

Da bin ich ihnen entwischt. Wahrhaftig bin ich entwischt, und es war nicht einmal so schwierig, wie ich es mir vorgestellt hatte. Die Schwierigkeit bestand im Grunde aber nur darin, daß ich den Entschluß nicht zu fassen vermochte, eingeklemmt wie ich war in diese bleierne Schwere, die bereits anfing, meine Glieder zu lähmen. Aber wenn ich zurückdenke, so war das mein Unglück, so lange ich lebe, nur daß es in der letzten Zeit in ungebührlicher Weise zunahm. Was denke ich aber jetzt daran, anstatt mich dem Genuß meiner Freiheit und dieser einzigartigen Landschaft hinzugeben? Für den Befreiten ist es wohl süß, an das Geständnis zu denken, dem er entronnen ist. Geständnis ist nicht das fassende Wort, aber was liegt daran? War es nicht schon so, als ob mir die Hände und Füße zu Gewichten würden? Nun kann ich mich kaum dessen erinnern. Auch schien mir eine Angst gewaltsam den Hals zuzuschnüren. Tempi passati – ich bin entwischt und denke mit ebensolchem Vergnügen daran wie ein Reiter an ein abgeworfenes Pferd, in dieser artig einzigen Landschaft, in die ich gleichsam hineingaloppiert bin. Ich meine das oft sogenannte Dampfroß. Wie leicht es doch gelang, das Entwischen! Entwischen ist ein schmackhaft saftiges Wort. Dieses wischen, wischen, wischen . . . hab dir eins ausgewischt. Zum Glück fiel mir auf dem Wege zum Bahnhof noch ein, daß sie jetzt wieder diese possierlichen Fahrten ins Blaue eingerenkt haben und – lo and behold! Solch ein Zug steht auch grade auf dem Canal Grande, wie sie es hier nennen, bereit, denn die Züge fahren ja hier so praktisch auf untergründigen Kanälen. Nacht war es überdies, und das war besonders reizend eingedichtet, so in die Finsternis hineinzufahren wie in eine unendliche Tonne, oder wie das sonst heißt, mit der Aussicht auf eine goldene Pforte am Morgen, die aus dem Schlummer erblüht. Und wie schnell es dann ging! Kaum hatte ich mich in dem samtenen Schlafabteil ausgestreckt, so war ich schon von den fedrigen Achsen in Schlaf gewiegt, und wie ich die Augen öffne – da bin ich! O da bin ich! Frei, lebig, lebig im goldenen Avalun, wohin niemand mir nachkommt, ohne Schwere und Erinnerungen und Gewichte in

Händen und Füßen. Ach, und diese Landschaft! Da möchte man wahrlich sagen: Die Landschaft ist ein Eifersucht, die mit Land schafft, was der Eifer sucht. Ich muß meine Augen erst an soviel Licht und Weite gewöhnen. Ein Himmel ist das wie ein einziger leuchtender Edelstein. Und diese duftige Frischlichkeit in den Lüften . . .

Nein! Nein! So paralysisch hatte ich es mir nicht gedacht. Schon zu liegen auf samtener Rasenbank, auf dem grünen, sanft geschwollenen Hügel, die Hände im Nacken verschlungen. Weiße Birkensäulen stehen gepaart und einzeln umher – die wie in einem halb träumenden Tanze erstarrt, die sich neigend, als wollten sie sich umschlingen. Und so halten sie ihre Wipfel wie goldgrüne plustrige Vögel in die Bläue hinein, die nicht blendet. O mein befreidetes Auge, wie gleitet es nun in weichen Flügen zu bewaldeten Hügeln hin und immer wieder hinunter zu der tiefblauen Bucht zu meinen Füßen und der goldbraunen Felsengrotte, aus der ein schneeweißer Schwan daherzieht; ein Doppelschwan, denn er führt sein verdrehtes Bild unter sich durch den blauen Spiegel mit. Gott! Wenn ich das blanke

Dreieck seiner Wellenfurchen sich langsam immer weiter ausbreiten sehe, bebt mir das Herz. Daß ich wirklich hierher gekommen bin und nun ruhen kann, wo alles sich in das Unendliche ausbreitet und das Auge darüber hinfluten kann, anstatt daß es immerfort in den engen Steinfluchten emporklettern muß, über tausend Fenster und Feuerleitern an den wolkenhohen Mauern. Sieh nur diese leichten Pappeln auf dem blumenbesprenkelten Ufer. Die schwierigsten Worte klettern mir hier aus dem Mund wie die Lerchen. Es erinnert mich alles an ein längst gesehen habendes Bild eines Malers – den Namen vergaß ich, doch hatte er wohl einen Ziegenbart. Ich würde mich wahrlich nicht wundern, wenn auch solch ein Fabelwesen aus dieser Grotte hervorträte wie auf dem Bild, wenn ich mich gütig erinnere. Es gab in Griechia solche, wie waren sie noch genannt? Halb Pferde waren sie hinten, aber das ist gleichviel, da es sie doch nicht giebt.

Das Sanarium in der Ferne zwischen zwei Hügeln ist dieser Landschaft unzweideutig angefaßt. Die Hügel könnten eher durch ihre moscheale Form eine Zweideutigkeit ausdrükken – für solche mit einer ausdrucksvolleren

Sexualyse; darum wollen wir davon abstehen. Das Gebäude läßt sich wohl einem riesigen Würfel aus Zucker oder aus Mamor vergleichen, der unterhalb von Säulenscharaden getragen wird. Wundervoll! Auch geht das Weiß von unten nach oben in ein süßes Erröten über, wie man es selten an Jungfrauen sieht oder auch an Muschelarten. Es ist alles wie in Bolonia, am Palast der Logen, wie sie da sagen.

Ich schwelge, o wie ich schwelge! Wieviel Tage mögen es bereits sein? Warum zählen? Mir ist, als wäre ich gestern angekommen und schon wochenlang hier. Die Tage gleiten ebenso wie in dem Blau über mir die schneeigen Gallonen der Wolken – wer möchte sie zählen? So war es in der Kindheit, wo ich auch immer solche akaradischen Landschaften sah – ach, nur in Träumen! Nun aber ist es endgültig wahr geworden. Damals wanderte die Stundenherde der Zeit auch so fern mit gedämpftem Geläut um mich her. O dieses ferne Herdengeläut, das ich höre, als ob es aus den goldenbraunen Eutern der Hügel hervorquillte und mit süßer Klangmilch die Seele stillte. O Frieden! O Sicherheit! Hier werde ich bald noch zum Dichter. Nichts kann mir hier geschehn, und mir ist, als ob mir die duftigsten Worte wie Blumen aus dem Mund fallen könnten, so wie auf dem Bilde des Malers – Bottleshell – hieß er nicht so? Wirklich sehe ich bereits solche holdselige Gestalten in violetten und rötlichen Schleiern und mit wehenden Haaren dort unten aus dem Hain über die Wiese hin spielen, die von Krokusen ganz überschneit ist. Diese Grazie! Diese Leichtheit! Dieses Gold in den Lüften! Wie sind nun auch die kombiniertesten Wörter so leicht zu passen und anzufassen, solch eine Landschaft als leichte Prise zu preisen. Auch die Preise sind sinngenäß, eingeschlossen die unsichtbare Bedienung. Eine preiswürdige Einrichtung für Teremiten wie mich. Habe ich doch niemand vom Personal bisher zu sehen bekommen und auch die übrigen Gäste nur von Weitem, wie sie auch jetzt zwischen den Säulen des Sanarios und dem Ufer des Meeres verkehren, dessen so kühle dunkle Bläue zwischen den sanft gelagerten Leibern der weißen Dünen hervorleuchtet. Ein Licht ist das hier! Kein Land der Welt hat solch Licht! Entzückend aber sind die veilchenfarbenen und weinroten und zitronengelben Schleier, die sie hier als Badeanzüge tragen, dazu die goldnen

Sanalen – wie sie zu mir heraufblitzen! Die Gestalten quellen so leicht wie Seifenblasen zwischen den gewölbten Lippen der Bögen hervor; so weit weg es ist, so klar kann ich es sehen, wie sie im blauen Meerwasser zu großen farbigen Quallen werden, die sich schaukeln. Quallose Quallen, so qualifizier ich die Worte allhier. Dazu das ferne, ferne Gelächter wie ein kindliches Spieluhrgeklimper. Dichtige Worte find ich nun immer, als wär ich ein Richter.

Mir scheint, es wird Abend . . Alles rötet sich nun und leuchtet noch tiefer. Ich werde müde . . o wie so angenehm müde. Keine Angst – o nein, wie wäre hier Angst zu haben? Die Sonne sinkt – aber wo ist denn die Sonne? Das ist wundervoll – keine Sonne am ganzen Himmel! Hier leuchtet der Himmel selbst, die ganze Kuppel, und von selbst wird es dämmrig und dunkel werden, bis der Himmel zu schwarzer Nacht geworden ist. Kein Untergang der Sonne ist also jemals zu fürchten. Hier geschieht alles von selbst, wie ich da auch bereits ausgestreckt liege mit gefalteten Händen und mir die Lider schon zufallen. Ich brauche nicht aufzupassen, wie die Wölklein da oben in der kühlen Bläue rosig zu blühen beginnen und immer noch schimmern, während es unten dunkler und dunkler wird . . Mamma . . wie kommt mir das über die Lippen? Als ob ich wieder im Gitterbett läge, und es war schon dunkel . . sie saß bei mir, ich wußte es, obgleich ich sie nicht mehr sah, denn alles war ihre Nähe. Keine, keine Angst vor schweren Alpen und Träumen, o nein! Müde bin ich . . geh . . schließe . . o wie wunderbar . . Augen zu . . Augen . . zu . .

2

R - r - r - r - r - r - ratta, rattatta, ratta, wie rasselt das! Eine Weckeruhr! Wie ist das möglich? Das glaube ich einfach nicht. Die kann es hier nicht geben. Es rasselt und prasselt noch immer. Ja, es prasselt – nun weiß ich auch! Das alte rote Fabrikruinal auf dem Berg gegenüber ist endlich zusammengestürzt, und ich träumte, es wäre der Wecker wie früher sonst jeden Morgen. Schrecklich, wie einem die Vergänglichkeit immer nachhängt. Aber nun ist es erst Abend, und ich bin ja so müde, o so tötlich müde, so schwer, alle Glieder von einer Schwere – ich kann nur wieder in Schlaf sinken.

Daß sie hier auch Ruinen haben . . Ich bin keine Runie, keine Ru . . keine Ru . . geh zur Ruh . .

Mir scheint, meine Augen sind offen. Aber das kann ich in der Dunkelheit nicht sehn. Wieder in dieser ewigen Kammer mit dem winzigen Fenster und dem Hinterhof siebzehn Stock drüber. Aufstehen. Du kannst nicht. Das sagst du jeden Morgen. Nein, heut geht es wirklich nicht, die Hände sind wie aus Blei. Die Füße auch. Es mußte ja dahin kommen, wo es schon jeden Tag zunahm. Ja, da liegst du nun und bist Blei. Da ist der Türspalt offen, siehst du? Das lauernde Auge. Einer von ihnen lauert immer, ob es endlich gekommen ist. Entweder sie, oder sie schickt einen von den Jungens. Was macht es ihr aus, die Kinder anzustiften, daß sie ihren eigenen Vater . . Aber ist es wirklich wahr? Bin ich jetzt wirklich Blei? Aber das kann nicht – das darf nicht . . Mir bricht der Schweiß aus . . nein, da sitze ich ja wieder. Entsetzlich, ich dachte wirklich . . Das Auge wieder fort . . die Tür offen gelassen – damit ich das Geklapper in der Küche höre. Bin ja schon auf. Die Jungens schreien sich an. Will keiner wieder die Betten machen. Soll ich wieder kommen. Natürlich – das ganze Zadebim – Zadebim – nein, was wollte ich? Ein Mo – ein Mor – kann ich wieder das Wort nicht . . Wasser wieder lauwarm. Siehst du, du kannst nicht die Hand mehr heben – Seife flitscht weg. Da, wieder ein ganzer Haar – was wollte ich sagen? Haarwicken. So ist sie. Und ich im Bleiwerden. Wie lange wirst dus noch aushalten? Au! Da bin ich richtig mit dem Kopf angeschlagen – hingefallen, siehst du! Rasierseife – einpfeifen – alles immer schema – schema . . da fällt dir die Hand wieder runter – Blei – o Gott, das ist furchtbar, das ist ja nicht auszudenken, Gott o Gott, das geht doch nicht, das darf doch nicht . . Die Klinge geht wohl noch mal . . nein, ganz stumpf . . hat Edu wieder . . Ob sie wieder wie eine Katze aussieht? Laß die Tür zu! Immer lauern und lauern. Wasser ablassen . . noch halb im Schlaf . . geht alles von selbst . . ganze Leben auto – paß auf! Brauch keine schmie – schwie – schierigen Worte! Die Glühbirne unter der Decke – blendend. Kriege die Augen kaum auf. Und wieder die Hitze – erst Mai – grauenhaftes Klima . . alles klebt – Unterhose – nein, bloß keinen Schlips. Jedes Glied wie ein Bleibaum zu heben. Was ist Bleibaum? Jeden Morgen schlimmer . . Rutine, Turine, Tirune . . siebenundzwanzig Dollars die Woche . . aber sie arbeitet auch – Bettenmachen, Bazimmer aufw – o Gott 'n Leben . . nich mal gesund – nein, nich dran denken. Eine Glut ist das wieder – wie Tropenhaus – keinen Rock anziehn . . Gottseidank, keiner im livinroom – brauche nich reden. Jungens schon in der Schule. Kann Trichina durch die Tür sehn . . nenne sie immer Trichina. Schon beim Abwaschen. Guten Morgen. Hat sie geantwortet? Wasser zu laut rauschen . . Kaffee wieder kalt . . Butter . . Semmel . . wieder Tomatensaft . . weiß doch – eklig . . aber Gesundheit. Was war das für ein Traum von akarda – akara – auch ich war in Akar . . kannst du wieder das Wort nicht finden? Scheußlich. Nicht denken . . Die schmierigen Worte – oh! Semmel schmieren wollte ich . . Warum sieht sie mich nicht an, wenn sie durchs Zimmer geht? Wieder von hinten belauern . . Ja, kann die Hände noch heben. Kein Zittern – paß auf! Vorsichtig! Messer festhalten. Brotklumpen wie Blei unterm Gaumen . . Runge zollen – verdreht. Elysische Landschaft . . diesmal wars richtig, siehst du? Wie war das? Die Eifersucht ist eine Landschaft –? Nein, im Traum klang es richtig. Alles wieder verblaßt. Geht wieder in die Küche . . schon Hut auf. Immer dieser hohe Stehkragen, wo doch kein Mensch die Male . . Male? Warum sagst du Male? Ach ja, Mandelbaum . . Mandeloper . . ist das Wort spurlos wieder weg. Entsetzlich! Hat aber keiner gehört. Wieder das Klatzen – Katzenschleichen hinten. Tür zugefallen – weg. Kannst dich wieder ins Bett legen. Absenteism. Englisch geht immer besser, komisch. Ob du die Beine bewegen kannst? Operation wollt ich sagen. Es geht . . Gott, wie wird das enden. Diese Angst . . die ganze Brust eisern . . eiserne Lunge . . jeden Tag schlimmer . . einmal bis du aus Blei.

Tür schließen, so. Warten . . der Lift . . elevator – sage immer noch Lift. Unten? Nein, oben. Jetzt kommt er. Tür rollt auf – voll bis zum Bersten – wütende Gesichter, stumm – – good morning, Sander. Nicht mehr zum Aushalten, diese Gesichter. Zusammengeknäu – geknu-geknautschte Papierknäuel. Wut nach innen – geballte Faust – sichter. Alle hassen . . halte es nicht mehr aus. Lieber Blei. Schon fünf

Jahre – – drei. Nicht dran denken. Muß aber immer. Was auch sonst? Denke nicht, einfach Visi – Visonen. Komme aus dem K.Z., da – nicht denken. Zwei Jahre Stachel . . wie ich herauskomme, hat sie . . Negermädchen . . Alabalama . . gone with the . . Gott o Gott, diese Glut auf der Straße! Untergrundbahn . . Menschen . . Menschen . . Bahnsteig. Menschen stehn da wie Störche. Flamingos, Seelöwen, Pin-Pin . . Kinder noch klein waren . . Alles vorbei. Wozu das Leben? Kost Gott keinen Pfennig. Lümmel geworden . . kein Wort deutsch mehr. Kino – Radiogeplät – – plätterei. Der Zug voll zum Bersten. Diese Hitze. Ohrenbetäubendes Klirren. Wie sie einer am andern von den Stangen hängen, zusammengepreßt. Grade noch hineingequetscht . . am liebsten Augen zumachen . . wie soll ich die Hand zu der Stange heben? Geht doch. Ineinandergepreßt wie Sardinen. Keine Gesichter mehr sehen . . Fäuste . . muß die Hand sinken lassen . . 34te Straße. Umsteigen. Dies Gedränge ist – puff in den Rücken. Ohrenbetäubend. Wie sie jetzt aus der Tür platzen . . Papierknäuel aus Eimer . . Ruck! Alles fällt um. Die Kerle fahren wie . .

ruck! Wieder . . Auf freier Strecke . . diese Hitze zum Umkommen . .

27te . . let me out! Ich triefe schon wieder. Füße schleppen . . O Gott, wenn es wirklich wahr wird! Blei grind in – nein, rinnt in Adern – was für ein Wort will ich – –? Immer wieder das Wort nicht . . Rot. Grün. Über die Straße wimmel . . alles mit Papier bestreut. Tausend Fenster, himmelhoch. Nicht hinsehn. Autos . . Autos . . Taxi gelb – Taxi gelb . . truck so hoch wie ein Haus . . kommt nicht vorwärts . . Menschenstrom . . mitgeschwemmt. Diese entsetzliche Öde der Straße. Jeden Tag! Füße kaum noch vorwärts . . Darum hierher gekommen – nicht denken. Zwei Jahre K.Z. Wie ich herauskomme, hat sie . . okä, der Kinder wegen. Was war denn? Nichts. Immer gut gewesen, zu gut. Habe ihr nie was getan. Mandelop – – Schaufenster . . Seilerwaren, Straße von Kisten versperrt, jeden Morgen, Neger, blaukarriertes Hemd, Optiker, Torweg . . der nächste . . Alles strömt schon hinein . . Blusen . . Beine . . Sommerkleider . . glitzige Augen . . Lippenstift . . Elevatortür geht grade auf. Nur ein Arbeiter heraus. Good morning, Jack.

Steht von seinem Hocker auf – setze mich hin. Morning, Miss Ellen – Miss . . keiner mehr? Türhebel . . up – 2ter, stop, Türhebel – zu tief – watch your step. Alle raus. 4ter – stop – zu hoch – runter – Türhebel – watch your step . . 6ter – stop . . 8ter . . 12ter . . Licht in 9 . . in 5 . . so früh schon . . down . . Türhebel . . good morning Mrs. Chito . . how is your mother . . 5ter . . watch your step . . unten – alle raus, 8, 12, 16 – keiner mehr? . . up – keine Lichter . . 2ter – stop – Türhebel . . Wie lange soll ich das aushalten? Blei werden – daliegen . . Eine Stunde um die andre. Wie ich herauskomme, hat sie . . ganz weiß im Gesicht . . Eine Stunde um die andre . . Gedanken . . immer dasselbe . . watch your step . . 4ter – Türhebel . . Menschen strömen wie Fische aus . . Wieviel Stunden schon? Stumme Fische – immer stumm . . Fische im Kasten glotzig . . Menschenbündel . . 3ter – stop – Türhebel . . 5ter – stop – Türhebel . . 12ter – stop – Türhebel . . down . . 7ter – stop – Türhebel – watch your step . . 4ter – stop – Türhebel – zu tief – zu hoch – watch your step . . Wer kann das drei Jahre aushalten? How are you, Jim? Ich mit meinen Nerven – immer viel zu fein . . kaput . . finde schon keine Worte mehr . . 7ter – stop – watch your step . . unten. Da ist Jack. How are you, Jack. Fine. Mittag . . Zeit wieder hingeflutttert . . lunch . . o Gott, die Luft aus Höllenglut . . Straße . . nur hinschleichen . . Bar . . kein Gedanke mehr im Kopf . . morgen daliegen – Nichts mehr . . milk . . Frankfurter – noch etwas? Applepie . . jeden Tag das . . Ekel . . kein Platz frei . . da hinten. Geschirr nicht abgeräumt. Alles kaut und kaut. Nur hinsacken . . vergasen . . alles kaput . . ganze Haus – ganze Stadt – ganzes Land – alles hin – Kindheit – Vaterland – – Wie ich herauskomme, hat sie . . Besser, man läge auch da . . bloß die Kinder . . Amerika . . hats nicht besser . . das nackte Leben . . Thüringen . . Weimar . . die grünen Wälder . . im Traum heut – ja – blaue Bucht – Schwäne . . Ich hocke hier . . dreiviertel Eins schon? So geht die Zeit hin . . Menschen, Menschen – Schieben – Kauen . . Durch die Drehtür . . der Hals klebt . . Ich kann wirklich nicht mehr . . Taxi gelb, Taxi gelb . . Lastwagen – Lastwagen – Lastwagen . . grün, endlich . . Menschenstrom über

. . alles vergessen . . Wenn ich bloß das nicht ge – wie? Hab nie einem was getan. Zu alt für sie . . jetzt erst 50 . . zum Tode schleichen wir sowieso . . Gedanken wie Bleischna – schnie – wo ist das Wort wieder hin? . . Elevatortür offen . . schon halb voll . . warten geduldig . . immer wie Vieh . . noch einer . . noch einer . . how are you, Max . . 2ter – stop – Türhebel – watch your step . . 3ter – stop – Türhebel – 4ter – stop – Türhebel . . 7ter – stop – watch your step . . 9ter – zu hoch – zu tief – watch your step . . Licht in 7 – in 8 – in 6 – 3 – 9 – down – stop – Türhebel – watch your step . . Going down, miss . . wann werd ich umfallen? Geht immer schema – schema – Licht in 9, in 4, in 12 . . Türhebel . . zu schwierige Worte . . Brust wird zu Blei . . 8ter – 12ter – – Türhebel . . nicht gewürgt . . immer gut gewesen . . Kinder erzogen . . Amerikaner geworden . . watch your step . . comics – Radio – wozu deutsch reden? Diese Angst . . 11ter . . 12ter . . 7ter . . Türhebel – going up, sir . . going down . . Licht in 2 . . Türhebel . . watch your step . . 3ter . . up . . down . . stop . . Türhebel . . 6ter . . stop . . how are

. . up . . umfallen . . stop . . down . . Türhebel. . Da kommt Alec. 5 Uhr . . grüßt wieder nicht . . Was soll ich jetzt . . nachhause . . Trich . . heißt nicht Trich . . vergessen . . kommt erst später nachhaus – hats nicht besser – Betten machen . . Badewannen – Fußboden wischen . . dazu lebt man . . war Bankbeamter . . nicht besser . . Zahlen – Zahlen – Columnen – up – down – genau dasselbe – up down – immer ohne Ziel – nie ankommen wie subway oder Autobus . . immer up – down – watch your step . . damals doch Freiheit – Bücher – Liebe – nicht dran denken. Wie ich rauskomme, hat sie . . alles Ruine – Rutine wollt ich . . die Zunge auch schon Blei . . rush hour . . Strom von Menschen die Treppe runter . . immer noch diese Hitze . . ohrenbetäubendes Rasseln – – eingequetscht wie Sardinen . . immer dasselbe . . dazu geboren . . Ventiator – Ven – wie war das Wort wieder? Jeden Tag schlimmer . . Tiator – ganz konfus . . Füße schleppen – schleppen . . Straßen sind ewig . . Schluchten himmelhoch . . drugstore – Schaufenster – Hauseingang . . Good afternoon, Paul . . yes awfully. Zwanzig Jahr jünger als ich . . up . . Licht im 8ten – im 14ten – geht mich nichts an . . stop – Türhebel . . good night, Paul. Da steh ich – Türen – Türen – alles still – verschlossen . . Ach so – aufschließen – kann nicht – hinsinken – kann doch – alter Geruch – Stille – gottlob, keiner da . . Bett nicht gemacht – wieder vergessen . . O das Dunkel . . Kleider fallen . . hinsinken – nur liegen – liegen . . ganz schwer – Blei – Blei werden . . alles gleich . . aufhören . . kann nicht mehr . . o mein Gott . .

3

O – u – u – uah – uh – uh – Hül – Hül – uh – oh! Gott sei gelobt, ich bin aufgewacht. O Gott sei gelobt, es war nur wieder ein Traum. Ich schlottere noch am ganzen Körper. Wirklich nur ein Traum. Diese Rosenwolke am Himmel über mir sagt alles. Oh beglückt, beglückt! Oh im Glücksland – geht der Atem – auf und nieder – auf und nieder. Es fängt eben zu dämmern an, scheint mir. Noch alles dunkel – nur die rosenrötlichen Wölklein schimmern. Ja – lichtgeboren! Fürchterlich war dieser Traum

– von einer Lebendigkeit! Ich sehe ihn noch vor mir liegen von Anfang bis Ende wie eine Straße mit allen Stationen. Und doch war es weiter nichts, als daß ich wieder Liftmensch war in Neuork, oder wie die Städte da heißen. Fuhr wieder mit der Unterbahn bis zur weiß nicht wievielten Straße, und dann – up – down . . . nein, nun aber nicht mehr dran denken. Schlimm genug, daß ich noch immer nicht gegen dies Träumen gefeit bin, aber das liegt wohl daran, daß ich noch nicht lange genug hier bin, und es wird jeden Tag besser, wenn diese Schwere erst aus den Gliedern ist. Up – down – schauderhaft – doch nun kann ich schon drüber lachen. Aber genug damit jetzt.

O trinke Morgenlüfte, wie Holderbaum sagt, bis daß du soffen bist! Er hieß nicht Holderbaum, ich sage es nur zum Spaß, es ist ja ein göttlicher Spaß, mit den Worten zu spielen, auf die es ja garnicht ankommt. Immer noch Dunkelheit. Köstlich ist es, so wie ein großer Gott vom Berge nach allen Seiten in die dunklen Fernen zu schauen und zu sehn, wie die Hügel und alles im Schlummer liegt. Kein Hauch, keine Regung. Das weiße Marmorhaus schimmert bleich in seiner mastätischen Einsamkeit. Und hörst du das leise Donnern der Brandung? Wunderbar, wie nun der dunkle Himmel am ganzen Rand sich zu röten beginnt – branstig – dunkelrot. Aber darüber tönt die ganz reine Wandung sich weißlich und bläulich . . höher noch dunkelblau . . Ach, dieses reine Grün! Perlmutterne Rosateiche dazwischen . . Der ganze Himmel erblaut. Es wird heller und heller. O sieh das Meer! Es donnert – es schäumt. Da muß ich hin . . in die donnernde Ewigkeit stürzen. Schon bin ich in einem Schweben – den Hügel hinab – und weiter in schwingenden Bögen – auf – nieder – immer tiefer hinunter – nun wieder hinauf zum leeren Platz vor dem Marmorhaus. Schau, das ist gar nicht so, wie es von weitem aussah. Ungeheure weiße Tetrassen stürzen in die Tiefe zum Meeresufer. Alles leer. Ich bin allein mit der ganzen Unendlichkeit. Göttlich. Ich kann sie in meine Arme fassen. Ich fliege wieder, ich schwebe zur Meeresfläche hinunter. Überall kräuseln sich aus dem dunklen Blau weiße Schäume empor und werden zu weißrosigen Schneckengewinden so groß wie Frauen. Gewundene Tüten wie umeinander geflochtene Glieder und Brüste. Sie kreisen und schweben auf ihren Spitzen wie auf Zehen der Tänzerinnen umher. Bin ich am Ende selber auch solche Schneckentüte? Hätte Lust, mich mit einer andern zu gatten. Wie da die rosiggrauen Fühlhörner beweglich herausschwellen! Bei mir auch? Nein – mir scheint, ich bin weiblich geworden. Eine reizende Meamphose. Will zu der nächsten da hinschweben. Sie entweicht, als ob sie mir lächelte. Flieg ihr nach! Da versinkt sie mit schäumendem Aufrauschen, und auch meine Gerecktheit senkt sich, und ich versinke im Meer. Stehend zu schwimmen ist wundervoll – mit ausgebreiteten Armen. Das Ufer glüht wie aus Goldfelsen, darunter der weiße Sand mit flimmerndem Goldstaub bestreut. Herrlich darüber zu wandeln. Diese Elastilität . . .

Willkommen, hochwillkommen, du rauschender Eichendorfwald mit den grünen Schatten! Solchen Wald habe ich auch in Tyria niemals gesehn. Nur weit von einander einzelne, riesige graue Stämme, die sich schon in Mannshöhe zu gewaltigen Ästen verteilen und die dichten grünen Gewölbe tragen. Nur einzelne haarfeine Sonnenstrahlen fliegen hindurch und entzünden auf dem braunen Boden goldene Lichtflecke. Auch hier dieses elastible Busenschwellen des Bodens. Und diese ewige Stille! So war es in der Kindheit, du weißt es noch, auf langen Spaziergängen an deines Vaters Hand, wie er noch gut war. O wie habe ich damals die Stille gehört und den grünen Schatten geliebt, das Spiel der Lichter, und meine Kinderglieder noch nicht gefühlt. Ach! den wohlgebogenen Schlangen des Waldweges folge ich ohne Ermüden.

Sieh, da sitzt ein Mensch am Weg auf der Bank. Ich dachte, hier gäbe es keine. Will ihn aber nicht stören – leise vorüberhuschen. Er kommt mir bekannt vor indes. Leise – vielleicht ist er tot. Aber er sitzt wie ein Glücklicher – hintenübergebogen, die Arme auf der Rücklehne ausgebreitet. Gott, das ist ja mein Vater! Vater, Vater, da bist du! Bist nicht gestorben? Nicht tot? Er lächelt. Aber du siehst doch, mein Junge. Ich schluchze, daß ich nicht sprechen kann. Diese Beseligung. Nicht tot, alles nicht wahr, o gottlob, gottlob, daß es nicht wahr ist. Mir tut die Kehle ganz weh vom Weinen. Wir wollen zu Mutters Grab gehn. Ja, wenn du möchtest – ist es hier? Er lächelt still vor sich hin – geht quer über die Straße. Ist das der

Eingang zum Friedhof? Ganz wie zur Unterwußtbahn – die Treppe hinunter. Da geht er schon – verschwindet gleich zwischen den Menschen unten. Ich bleibe auch lieber allein, und er wollte ja nie, was ich wollte. Nun, hier sind keine Gefühle. Nur mühelose Bewegung . . . es ist, als ob die Bäume langsam vorüber zögen. Der Wald wird dichter und dichter. Goldengrüne Schleier – herabschwebender Sonnendunst. O ich sehe! Es sind jetzt lauter Ranken, die von oben herunter hängen. Grüne Schnüre mit kleinen goldenen Blättern. Sie hängen ganz dicht, aber ich gleite hindurch, und sie wehen so leicht auseinander wie Frauenhaar. Da gleite ich in das sonneglühende Goldrieseln hinein, wie ein Schiff die Wellen zerteilend, oder auch wie ein Fisch. Sieh, da sind Fische, die hindurchgleiten und auf und nieder steigen. Ganz dunkelblaue mit Flossen und Schwänzen wie Schleier, und purrote mit dicken weißen Glasaugen. Auch große schwarze Libellen mit großen Goldköpfen kommen wie Pfeile hervorgeschossen und hängen unbewegt in der Luft mit gläsernem Flügelschwirren.

Nun lockert sich die Wildnis. Eine lautenförmige Lichtung enthält einen dunkelgrünen Weiher. Niemals sah ich solch ein tiefes Machitgrün. Unbewegliche starre Mauern von Schilf umher und die violetten Orchiris. Aber sieh nur, was da auf der grünen Fläche schwimmt! Was ist das nur? Blumen rosigweiß und so groß wie kleine zusammengerollte Kinder. Oder sind es Muscheln? Riesentulpen scheinen es nun, die Blätter nach innen gewölbt, und drinnen ist es, als wären eben geborene Kinder hineingerollt. Das ist ein Mysterium – still! Sie schlafen noch. Vielleicht nicht richtig geboren. Ich umgehe den Teich . . .

Stop – da wächst eine solche aus grünlichem Uferschlamm. Sie sieht wie ein weißrosiger Pilz aus – oder wär es ein Kinderleib? Ja, es ist ein klein Kind. Es sitzt, die Beinchen untergeschlagen und hat seinen Kopf auf die Händchen gesenkt, daß die Goldhaare drüber regnen. Einen so zarten Körper hätte ich nicht für möglich gehalten. Wie aus lauter Rosenblättern, und man glaubt, man könnte die blauen und roten Organe im Innern sehn, die sich winden. Zwei schwarze Schmetterlinge laufen ihm über die Hände; schlagen die Flügel bald auf und bald zu. Sie haben goldene Narben auf ihren Flügeln – wie Nägelmale. Sollten sie das sein? Doch wie kämen sie her auf die Flügel? Jetzt werde ich alles erfahren. O dieses durchsichtige Körperlein! Als wär es noch nicht geboren. Vielleicht nicht ganz fertig geworden.

Da hat es den Kopf erhoben und sieht mich an. Nein, was sind das für Augen! Von einer Größe – wie bei einem Insekt. Das kleine Blütngesicht kann sie kaum fassen – dunkelblau und wie aus Kristall. Winzige rötliche Mundknospe unten . . Ein Rosenblatt mit Kinderaugen, wahrhaftig. Da lächelts! Ein bißchen traurig. A bissel nur, wie man sagt. Da springt die Mundknospe – hat sie was gesagt? Oder sind die Worte aus ihren Augen gekommen?

Wie du meine Mutter gewürgt hast, sagt sie. O ja, ich weiß – hier weiß man alles. Aber nur etwas – damals – wie? Da bin ich geboren, sagt sie. Ach, so war das! Natürlich, da ist sie hier geboren. Gott, wenn ich das damals gewußt hätte. Immerhin, eine gewisse Erleichterung. Schmetterlingsflügel. Immer gut, wenn einer mal nicht gestorben ist. Und nicht einmal geboren. Nein doch, wie eben gesagt. Hier ist eben alles verständlich. Und im Teich – nun sehe ich erst. Alle sind hier ungeboren. Du süßes Kind, bist du nicht auch vergnügt? Was sagt sie? Es ist nicht ganz richtig. Nun ja, gewiß, ich verstehe – weil hier keine Sonne aufgeht. Ich finde das grade schön. Aber du mit deinen glotzigen Augen – können sie überhaupt sehn? Ich möchte dich so gern auf den Arm nehmen. Wo ich nun alles weiß, könnte ich ebensogut dein Vater sein. Da laufen die schwarzen Falter an ihren Armen hinauf, über die Schulter zum Rücken und werden zu Flügeln daran. Sie schlagen – da fliegt sie schon über dem Weiher im weiten Kreise – und fort – in das goldene Rieseln der Ferne . . .

Ich will mich niederlegn. Hier ist alles gut. Ewige Vergessenheiten schwellen sanft in die Zeit zurück – unschmerzlich. Und keine Träume können mit Lasten hinunterziehen, da nun alles behoben ist. Ich schlafe gleich ein und aus – ein und aus . . auf und nieder. O süßer Schlaf – im grünen Wald – am dunklen Teich. O komme bald! O komme gleich! Kommen auch Träume, so weißt du, daß es nur Träume sind. Sind sie böse, so ist es geträumt; hier ist das Gute.

4

Eine Weckeruhr wieder. Das übliche tolle Gerassel. Laß nur, sie rasselt und prasselt im Traum nebenan. Einbildungen deines memorativen Vermächtnisses, weiter nichts. Schlaf ruhig weiter, es hat keine Folgen, als daß am Ende ein Fegeblech umfällt oder eine verschrumpfte Rutine. Hermine kann man auch sagen, weil du eine Hermite bist. Schwarzes Geflügel – wie Rußflocken – fortgeflogen. Siehst du, du liegst ganz fest. Nichts kann erschüttern. Hamburg und Lübbecke stürzen zusammen, du aber liegst bei den Ammen – den – Amerika? Nein. Doch könntest du glauben, du lägest im eigenen Bett. Weißt ja, wie lebhaft Träume sein können. Die Einbildung ist immer stärker als die Wirklichkeit. Das wolltest du grade nicht sagen. Nun fängt es irgendwie an beklemmend zu werden. Up – down . . Gleich wirst du denken, du müßtest aufstehn. Aber du kannst dich nicht verwegen. Das war nicht das richtige Wort, siehst du! Wie heißt es? Be – – bew – – bewedeln. Gott nein, was ist das wieder! Eine Umklammerung fängt an . . Herr meines Lebens, jetzt bin ich wirklich aus Blei. Es ist gekommen. Aber wenn es ein Traum wäre? Auch dann schlimm genug. Träume können noch schlimmer als Wa – Fa – Fahren – Fahrenheit heißt es nicht, das ist hier ein Ther – Term – o Gott, es will wieder nicht. Jetzt fehlt wieder alles. Kann das ein Traum sein? Nun liegst du wieder einmal morgens im Bett, träumst du – jawohl, und willst aufstehn. Aber ich kann nicht. Wenn ich doch aus Blei bin. Dann kannst du eben nicht. Blei – o ich – wirklich – Angst – oh – Blei mit Angst darin – fürchterlich – entsetzliche Mischung. Blei wirft Blasen, die Angst sind . . Immerzu quillt das Leben im toten Blei – wirft Blasen. Das im lebendigen Leibe zu fühlen! Ob ich mich jemals daran gewöhnen kann? Up – down – Türhebel – watch your . . lauter Blasen. Rülpsendes Blei . . Man gewöhnt sich an alles. Sei froh, daß du liegen kannst. Werden sie wieder lauern, ob du aufstehst oder nicht. Daß sie die Jungens dazu angepfiff – angestiff – wie? Habe sie nie angepfiffen, aber was wollte ich – –? Das war das Gemeinste von ihr. Alles die Rache für fehlbegoren – begoren? Was ist begoren? Up – down – stop – oh – stop solang du stoppen kannst. Wieder diese Angstblasen!

Jeder andere hätte sich scheiden lassen. Habe alles verziehn und bin mit ihr nach Amerika. Da! Das Auge im Türpal – nein, wie heißt es? O mein Gott, diese Angst jetzt wieder. Ich finde gar keine Worte mehr. Wie kann ich denken, wenn ich keine Worte mehr finde? Wie hieß es? Was wollte ich –? Wird jetzt die ganze Welt leer? Ich fall in den Abgrund. Abgrund – das war eben richtig gedacht. Siehst du, du kannst noch. Gottlob, es schließt sich wieder, ich spüre es an der Stirn. Laure du nur, laure, laure, Laura, lauerata, laue Ratte. Ich bleibe ruhig im Bett. Bleierne brauchen nicht aufstehn. Going up – going down – going up – going – das hast du nun hinter dir. Jimmy, how do you feel . . 3ter . . stop . . 7ter . . stop . . 12ter . . stop . . Licht in 4 – in 5 – in 12 – watch your step . . alles mechanisch . . how are you, miss . . na, nun ist es aber genug. Das Auge wieder weg. Ich schlaf ein. Oder ich wach auf. Wer kann das unter – na! wie heißt es? Unterschieben. Auch falsch. Schäspier sagt – wie sagt er? Heißt nicht Schäs . . wieder vergessen. Wir sind solche Zeugen für Träume. Falsch. Keine Zeugen. Wie heißt es englisch? We are such – such – stop – stup – wieder alles weg. Kann ich jetzt nicht mehr denken? Wie lange . . ganz konfus . . weiß nicht mal – habe ich Angst oder – oder was? Zu Blei geworden, unfühllos. Fürchterlich. Wieder das Auge. Nun kann sie tirum – tiram – tirum-tatata – triphieren – nein, es ist entsetzlich, ich kann kein einziges Wort mehr richtig. Bin ich das überraubt, der hier liegt? Vielleicht ganz wer anders. O Gott, o Gott! Wenn ich die Augen aufmachen kann, bin ich es. Kann ich es? Nein. Was ist jetzt? Sie ist hereingekommen – glaub ich. Steht neben mir? Nun mach ich die Augen nicht auf. Franz. Das hat sie wohl gesagt. Eine kalte Hand an meiner. Wie kann ich das fühlen, wo ich doch . . Schläfst du, Franz? Willst du nicht aufstehn? Keine Antwort. Ich könnte wohl, aber ich kann nicht. Lacht sie? Was sollen wir denn machen? Ich soll wissen. Jüdische Redensart. Liegen lassen. Kannst dich freun. Das hat sie aber nicht gehört. Bin kein Lautsprecher – haha, komische Ausruck – ruck – ruckweise. Das Bett bewegt sich. Hat sie sich hinnesetzt? Bist du krank, Franz? Soll ich sagen, daß ich aus Blei bestehe? Würd es doch nur für eine Ausrede halten. Ich muß jetzt zur Arbeit gehn. Ja, geh nur, ich bin aus Blei. Was bist du, Franz? Aus Blei, kannst du nicht –? Aber Franz. Nichts mehr, kein Wort. Bitte, sag doch ein Wort, das ist doch nicht – Stille. Up – down . . Franz! Nun fängt sie gleich an zu weinen. O mein Herrgott, und es ist wahr. Wenn sie wüßte, daß es wahr ist! Das Bett geht in die Höhe. Schritte. O Gott, nun ist sie weg. Da lieg ich wieder allein – kann mich nicht mehr bew – bew – oh, ach, oh! Wenn ich mich nur besinnen könnte! Ich habe etwas gewußt. Ein großes Leuchten. Warte mal! Denke scharf nach! Wie kann ich, wenn ich vor Angst . . Nun ist es eingesoffen. Aber ich träume ja nur. O mein Jesus, das war es ja, was ich . . Wenn man es nur richtig wissen könnte. Es wird sich zeigen, wenn ich aufwache. Jedenfalls – hier lieg ich und bin aus Blei – das ist ein corpus relictus – und denke klarer als vormals. Was hab ich zuletzt geträumt? Daß ich ein Liftmensch bin. Up – down – das hab ich sooft gesehn, daß ich es zuletzt übernommen habe – in den corpus, wenn auch nur eben im Traum, was aber lebhaft genug ist. Womit man am Tage unfertig wird, davon träumt man, wie Freu, wie hieß er noch? Siegmund und Sieglinde – standen unter der Linde – am ungeborenen Kinde – so geht das ins Ungebinde. Zahlenkolum – kolumisten in der Bank waren genau so. Up – down – und der Körper ist nur ein an die Seele gehängtes Gedicht. Nicht doch, wie –? Weight – jawohl – Insel Wight. Falsche Aussprachung. Körper Gewicht an der Seele, daß sie nicht in den Himmel fliegt. Wer hat das gesagt? Schöner Gedanke. Keine Angst mehr – auch schön. Weihnachten – ach ja. Zu lange her. Vater . . Vaterland – alles weg. Dies Sche – Schwe – scherer – schwe – rer – wer – den – so! Von Tag zu Tag. Fortschrittliche Bleivergiftung. Das wolltest du wieder nicht sagen. Bleipferde – Gott, wie heißt es nur wieder? Eine Qual – Qualqualle. Blei ver – – dauung. Meinetwegen. Aber so mußte es kommen. Zu feine Nerven immer – von Kind auf – zu schwach. Zu viel Phantasie. Immer nachgegeben. Hätte doch Maler werden sollen. Wenn Vater nicht gewesen wäre. Konnte nie gegenan. Absolibute Spotie. Nichts zu machen. Gingst du eben zur Bank. Eins zwei drei – anner Bank vorbei – so war das. Leichtes Leben – Geldausgeben – elefant – egant – egant? Nein, zu kurz. Zu hoch – zu tief. Keine Widertanz – nein – Liederkranz. So heißt hier Käse. Nun ists zu spät. Verbleit. O Gott, ich könnte weinen, daß ich nun hier in Amerika liege, und meine Jungens . . o meine lieben kleinen Jungens! Jesus, was werden die denken! In der Schule stehen sie da mit gesenkten Köpfen – unser Vater ist Blei. Wie sollen sie das sagen? Ich weine mich in den Schlaf – o weinen – o – so – ganz ohne Halt – so – so – mein Gesicht ist ganz naß. O huhuhuhuhu . . Immerzu – immerzu – niemals aufhören. Ach Gott, ach du mein barmherziger – –

5

Ich habe es doch GEWUSST, daß es wieder ein Traum war . . Daß diese abscheulichen Bleiträume mich auch hierher verfolgen, ist recht peinlich. Es wird vorbeigehn, wenn du lange genug hier bist, beruhige dich nur. Aber ich bin ja garnicht da. Wo bin ich denn eigentlich? Oh ich bin im Flugzeug – fliege nach Kalornia durch die brausende Nacht. Vielmehr das sind die Rotoren, die donnern so. Oder vielleicht ist es das Meer in der Tiefe, über das wir fliegen. Alle Schläfer liegen der Reihe nach ausgestreckt wie im Spial, wenn das das Wort ist, das ich meine, aber ich kann ja beliebig mit Worten spielen wie dieser Rossini mit Bällen. Kann ebensogut auch Spinat sagen. Versteht jeder. Reihen von stillen Schläfern in Decken gehüllt. Dieses Flugzeug hat eine unendliche Ausdehnung. O Klifornia, Klifornia, ich wollte schon längst nach dir! Die modernen Intentationen der Technik sind ermunterungswürdig. Aber ins Spinal werden sie mich sobald nicht bringen. Warum auch? Bin nur zu früh aufgewacht. Schlafe gleich wieder ein. Morgen früh – so Gott will – wachst du auf in Laormina . . .

Sind wir schon gelandet? Alles still. Diese heutige Art zu reisen ist gradezu traumhaft. Da haben sie mich im Schlaf einfach auf dieser Berberstitze niedergelegt. Läßt sich nach Belieben in Bergspitze verwandeln. Ich schlage die Augen auf und sehe entzückt umher. Phantastische Erschöpfungen sind diese Meisterwerke der Technik.

Morgendunkel . . doch was für ein roter Schein? Ah, der Vesufus – speit grade wieder sein Feuer. Eine herkulanische Form hat dieser aus der Ebene emporgeschwundene Kegel, aus dem ein glühroter Schaft steigt und sich zu einem pechschwarzen Wolkenschirm ausbreitet, von unten rötlich beleuchtet. Gradios! In weiter Ferne und doch so groß! Dazwischen die unendliche schweigende Tiefe, in der die riesige Stadt schläft. Hattest du dir Klivornia so vorgestellt? Ungeheuerlich, diese Stadt, durch die ganze Ebene ausgebreitet mit ihren Millionen von Wolkenkratzern. Wußte gar nicht, daß sie die in Neapel haben. Und da, schau, auf der rechten Seite der Ozean wie eine ungeheure schwarze Wolke. Es sieht alles etwas düster aus, aber das ist wohl, weil mir das Blei noch in den Gliedern hängt. Ich meine, der Traum. Nenne Traum immer Blei. Will mich ein bißchen hinsetzen. Ich wünschte, das Kind käme wieder. Mit dem Kind ist alles in Güte, obwohl es nicht einmal mein Kind ist. Wir bezeugen alle gern süße Verirrungen. Seine Zartheit war tränenerregend. Und ach, sein Lächeln! Käme es doch! Warum bin ich fortgeflogen? Bin ich ein Vogel? Nun überflügelt mich selige Müdigkeit, daß ich hinsinke – und der Venusuf speit noch immer feurige Rosen aus.

Ich glaube, etwas hat mich an der Schulter berührt. Wenn das nur nicht Trich – – bin ich wieder am Einschlafen? Soll ich mich umdrehn? Kann ich? Da steht es ja! Gott, da steht es ja. Hat ein kleines buntes Laternchen in der Hand und schwingt es hin und her, daß die roten und grünen Scheine herausfliegen. Eine Verkehrsglocke, die sie läutet. Sieh da, sie ist größer geworden. Ein süßes Mädchen. Wenn sie so weiter wächst, kann sie zuletzt meine Frau werden. Da pustet sie in die Laterne. Aus. O so, es wird Morgen. Ja, nun sieh nur, sieh diese Tiefen – nach allen Seiten unendlich unter dem blauenden Himmelsgewölbe, das am ganzen Rand weiß wird. Und da in der Tiefe – o wie fern und klein – sehe ich meinen Hügel mit seinen Birken, die blaue Bucht mit der Grotte, sogar den Schwan wie eine weiße Flocke. Ich sehe das weiße Haus – und das allmächtige blaue Meer mit unabsehbaren Girlandajos von Schäumen. Komm zu mir, mein Kind, wir sehen zusammen die Sonne aufgehn, es ist immer noch dunkel. Nein, sie geht hier nicht auf, ich erinnere mich. Ja, komm, setze dich auf mein Knie – so – lege den Arm um meinen Hals. Ach, was ist das? Alles fällt in Rosenblätter auseinander. Sie zerflattern überall hin. Aber ihre Augen – sie fließen soeben über den ganzen Himmelsraum. O göttlich, göttlich, dies blaue Leuchten der Kuppel! Immer goldener, schärfer flammt es. Es blendet mich – es sticht – ach, das ist wieder diese fernalische Glühbirne unter der Decke, wer hat die jetzt angedreht?

6

Wie oft habe ich ihr gesagt, sie soll nicht das Licht über mir andrehn. Direkt die Augen zerschnitten. Werde mich jetzt hüten, sie aufzumachen. Aber warum hat sie –? Will mal durch die Wimpern plinzern. Da sind ja zwei! Stehn in der Tür und beobachten. Sie – natürlich – hat einen Mann geholt. Thomas? Nein – mir unbekannt. Dunkle Hornbrille. Könnte ein Doktor sein. Meinetwegen? Neue Art Bosheit. Zwinkert hinter den Brillengläsern. Will mich jetzt hereinlegen. Bedaure – Aufstehn impossible – bin aus Blei. Richtig, hat sein – wie heißt es noch? Ste – stere – stepok – immer die Zunge im Wege. Um den Hals gehängt. Will mich aborchen. Nein, abort – – Kommt schon näher. Grinsiges Lächeln. Wie ein Sa – Sadist. Wenn ich nicht wüßte, daß es ein Traum ist . . . Oder ist es keiner? Könnte ihn fragen, ob man im Traum weiß . . . Lippen bewegen sich rötlich. Wortegeplantsch – platsch – oh – plätschern. Wie ich mich fühle. Spricht deutsch, aber brüchig. Na, ich kann englisch, auch wenn sie immer behauptet . . . How d'you do? Seht ihr wohl. Da lachen sie. Dummheit lacht. Wird ihnen bald vergehn. Was sagt er? Ich kann sprechen. Warum denn nicht? Wer hat das behauptet? Sitzt auf dem Bett, grinst zu ihr auf. Verdammt, da habe ich mich verraten. Mit seinem Deutsch hat er mich hereingelegt, daß ich spreche. Denkt natürlich, Bleierne können nicht. Meinetwegen, ich bins doch. Was sagt – –? Frau hat gesagt – über Gliederschmerzen geklagt. Gliederschmerzen ist gut. Mephistische Ausdrucksweise. Ich bin aus Blei, Herr Doktor. Nun wissen sies. Dämliche Grinserei. Was hat er gesagt? Ob ich den Arm nicht heben kann. Alberne Frage. Gleich wird er mich unter der Achsel kisseln. Nichts zu machen. Keine Redaktion, hm. Da kann er nachgän – nachgängig werden. Seltener Fall, wie? Liftmensch mit Bleiverschiebung. Anatolische Merkwidrigkeit. Oh jetzt kommen wieder diese grauenvollen Ver – Ver – Aufhören jetzt, aufhören! Ich kann nicht mehr! Licht ausmachen, Licht! Da, schon flüchten sie weg. Dunkel. Nichts zu sehn. Doch – Schatten in der Tür . . stehen da – flüstern – drehn Köpfe her. So ist das immer im Traum, weiß wohl. Siehst du. Nur mal wieder geträumt. Aber ich bin doch – Quatsch – was bin ich? Blei? Oh – wie? Nein, das ist – das kann ich nicht . . Gott o Gott, laß es ein Traum sein! Bitte, ich bitte dich, o lieber, lieber Gott, laß mich aufwachen, jetzt – gleich – auf – wachen . .

7

Nun, da sind wir ja wieder, und die Traumangst war wieder einmal umsonst. O mein Hügel, mein süßer Hügel, da lieg ich wieder auf dir! Keine Angst – keine Schwere – ganz leicht – als könnt ich nach oben schweben. Dies ist die heilige Wirklichkeit. Der Teich – die Grotte – die Pappeln – ewig – ewig – in dem schönen Nachmittagsleuchten. Wenn man nur nicht immer schlafen und träumen müßte. So will Gott die Natur. Mein Kind scheint mich wieder verlassen zu haben, ich erinnere mich, und es macht mich in gewisser Weise leidvoll, aber auch das ist hier süß. Eine Leidseligkeit möchte ich es nennen, und das ist mir ein leibliches liebliches Wortgekreisel. Leicht ist immer mit Worten fertig zu werden. So wie der Schwan zieht – evangelisch. Diese Biegung des Halses am Schwan – reine Glückseligkeit. Diese Klarheit der Lüfte auch! Diese verklärte Ferne! Kein Mensch vermag das zu träumen. Und wenn mir recht ist, seh ich auch wieder das liebe Kind unter den Pappeln auf der Uferbank spielen. Ich dachte, es wäre über den Himmel geflossen, doch hier findet alles seine Ergänzung. Es tanzt da umher wie meine eignen Gedanken. Es kommt mir vor, als ob es auf einer Hand Gottes tanzte, die er heimlich unter der Erde hält, mit den Fingern spielend, daß sie emporfliegt. Da plumpt sie unter die Sternblumen ins Gras, wirft sich vornüber und wedelt mit ihren Beinlein. Ich zittere hinzugehn und mit ihr Fangen zu spielen, aber ich weiß wohl – ungeborene Dinge sind zum Anrühren zu zart, und es dehnt sich auch um so süßer das Schmerzverlangen bis in die Kindheit zurück. O die einsamen Spiele, sie waren die schönsten. Da war auch solch Kind, glaub ich, in einem nachbarigen Garten, wo ich immer am Zaune stand, eingeschüchtert. Das ging und tanzte da mit sich selber umher, und ich wagte mich nicht zu begehren, obgleich mir innigst das Herz entflammte. Wir sterben alle durch unsre Verführungen ab, die Berührungen, heißt das, die uns die Fühlhaut abstreifen.

Nun geht sie dort die Pfade der weißen Schlange hinunter – wieder ein wenig größer geworden, scheint mir, in dem bläulichen Hängekleidchen, ein geborenes Nachbarskind. Jenes verrinnerte trug auch mir solch niemals erreichbares. Alles Entschwundene – wird das Gefundene . . Ja, das Verlorene . . wieder – ach, wieder Geborene! Nun dieses auch. Folge ich ihr oder nicht? Avanti sequentes – das heißt, in der Nachfolge leben wir, und so gehe ich in genäherter Ferne dieser Entlebten nach. Ein anderer Hügel dem meinen gleich hebt sich aufatmend dort aus der Wiesenverendlichkeit. Ihm schwebt sie zu, und ich fühle mich ihr nachgehend gezogen durch diese goldene Abendgedämpftheit des Herzens. O schönes Wort! O angenehme Stunde! Zuweilen erlaube ich stehen zu bleiben bei den hohen bläulichen Glockenblumen und bin schon so gedankenvoll, daß ich überfließe und so dunkel über mich flute wie Gott. Dies ist die Aufhebung des Fleisches.

8

. . Lichtschein im Dunkel . . hin und her . . auf und nieder . . weiße Streifenscheine . . da blendets. Grell – Augenschnitt. Eine Taschenlaterne. Wer ist hereingekommen? Mensch in Weiß – weißer Kittel mit Kopf. Jei! Grell wieder ins Auge. Paß auf! Nun sind es zwei. Beraten sich flüsternd. Eine Traumverlierung mal wieder. Finge es an, ängstlich zu werden? Was wollen die? Nein, so ists immer im Traum. Sie haben was mit mir vor. Jetzt sind es gar drei geworden. Vermehren sich aus sich selbst. Einer erteilt Gewinke und Abordnungen. Einer ist hinter mir jetzt. Der da bückt sich zu Füßen – was wollen sie bloß mit mir? In die Höhe gehoben auf einmal. O Gott! Wieder hinunter . . fallen gelassen? Nein, da lieg ich – worauf denn? Weich wie Mat – Matatze. Wieder emporgehoben. Da hinten die Lampe im Wohnzimmer . . Ich schwebe vorüber .
O mein Gott, jetzt weiß ich! Sie bringen mich an den Fluß und werfen mich da hinein, um zu

sehn, ob ich aus Blei bin. Die Wasserprobe, ich weiß. So wie im Mit – Mit – Mittalter – wie heißt es nur? Aller Schweiß bricht mir aus. Ich gehe ja einfach unter. Da! Blendendes Licht. Treppenhaus. Traum – elevator – down – down – Jimmy – o Gott, alles verdreht sich. Stop . . stop! Nicht ins Wasser! Nicht! Ich schrei – schreie – – schlage um mich – buff, auf den Mund was geknallt. Ohu, ich ersticke – kann nicht – – zugepreßt – – dickes Tuch – – röch – Trich – Trich – o Hülfe, sie heißt nicht so, wie heißt sie? Hilft mir nicht – – die Rache für – – ich vergehe vor Angst – ich – – es geht nicht mehr – aufwachen! Du mußt – auf – wachen . .

9

Erwacht! Oh – zu atmen. Dem Himmel sei dank. Das war aber höchste Zeit diesmal. Höchste Zeit – wieso? Wie kann es höchste Zeit sein, wenn man nur träumt? Ja, wird denn das immer noch wiederkommen? Schlaf ist eben notwendig, und ohne Schlaf auch kein Traum. Muß mir nur immer fester einbürgern, daß es Wirklichkeit ist, wenn ich nicht träume, dann müssen die Ängste den Traum verlieren. Nun wird mir leichter. Aber was man nicht alles träumen kann. Glaubte bereits, ich sollte ins Wasser geworfen werden wegen Verbleiung. Bloß Kindheitserinnerung. Sylfenfest – wo wir das Blei gossen ins Wasser. Gedankliches Tawobu in Träumen gehört zur eigenen Art. Wozu aber nun dran denken? Auch hier ist es Dunkel zwar, doch geatmete Sicherheit. Noch nicht Morgen und Stille wie immer umher. Tiefe Dämmerung über die Erde gebreitet. Doch seh ich in einem Geheimlicht das dunkle Blau meiner Bucht und den Schwan wie ein weißes Federkissen, den Hals in sich gebogen. Ich dachte, ich hätte meinen Hügel gestern verlassen und den nächsten erreicht, wo ich mich niederlegte. Aber ich brauche ja nur nach der anderen Seite zu spähen – und siehe da! Es ist ein anderer Hügel. Er ist höher, beinah ein Berg zu nennen. Tief in die grüne Ewigkeit der Ebene niederflutende Hänge. Das hatte ich nicht bemerkt, daß ich höher gestiegen bin. Doch ist es vielleicht hier nur tiefer nach unten. Sieh, in der Ferne erhebt sich ein anderer Hügel aus dem tiefen Grün, zu erneuter Spazierung einladend. Denn so leicht ist die Kühle der Morgenluft, sich eben erhellend. Federleichtes Entgegenkommen der Worte auch aus dem Herzen. Am Rande der Ewigkeit bin ich nun angelangt. Wie sie nun hier und da in leichten Wellen bewegt wird! Lächelnd fast, als ob noch quellende Zeit unterirdisch in ihr verliefe. Im unendlichen Kranze gleiten die schlummernden Rücken violetter Gebirge umher. Geduldige Atemzüge stillen sich aus im Land Gottes, das da Schweigen wird.

Und was sehe ich unter mir? Wo die grauen Felsbrocken liegen, da sitzt eine stille Gestalt, so wie ich in die Ferne schauend. Ganz als wär ich es selbst. Und weiter zur Linken eine . zur Rechten auch und dort weiter, mehrere – überall in weiter Gefernung sitzen sie da so wie ich. Scheinen erwartungsvoll. Aber auf was? Wohl daß die Sonne aufgeht – aber hier geht sie nicht auf. Vielleicht doch einmal, wenn Gott wieder sein Herz auftut. Eine sanfte Unruhe umflattert mein Zartgefühl innen. Wäre mein Kind schon da, so wüßte ich, was wir täten. Hörst du? Ein Klang der Sehnsucht lief an den Bergen empor, und die Luft zittert ihm nach. O mein erweichtes Herz! Meinst du, sie ist schon zum nächsten Berge gegangen und wartet deiner? Alle warten sie hier – worauf mögen sie warten? Auf das Ungeborene warten wir alle, das wir erwürgt haben. Ungeboren ist doch das Zarteste nur, der Körper des Lichts, und die Sonne ist schwer zu heben. Schwer – den ganzen Himmel hinauf, doch Gott kann es. Nichts ist gestorben, was in uns lebendig bleibt – nur so unten, so unten! Doch niemals tief genug. Im dunklen Teich – im grünen Wald – erst blumengleich – dann leibgestalt. Nur die Sonne ist fortgegangen – selige Trauer folgt nach – denn sieh! Des Morgens Blume entrollt sich bläulich und weiß aus dem grünenden Himmelskelch – es wird Tag. Ich sehe, die andern sind aufgestanden und gehen sogleich ihre eigenen Wege. Gehe ich auch nun – hinunter – hinunter – in die tiefe Gedankenheit, wo sie zum Abgrund wird, daß sich alles verliert. Auch die Sehnsucht schläft in der Herzgrube ein, kaum atmend, von mir getragen, und das Denken geht sprachlos über . . .

10

Ein neuer Traum fängt an – doch wo bin ich diesmal? Dies ist nicht die alte Kammer im finstern Hof. Viel größer – und graue Wände. Liege wieder bewegungslos – bleigegossen, ich weiß. Fußende des Bettes aus weißen Stäben. Eine weiße Tür. Ordnungsvolle Empfindung. Auch dürfte ein Fenster anderwärts offen sein – lichtdämpfende Vorgehänge und kühle Berührung am Stirnbein . . . Ängste scheinen jedoch nicht eindringen zu können. Mechanische Traumentsprechung öffnet alsbald die Tür. Eine weiße Kittelgestalt, ein Brett tragend, erscheint notwendige Speise zu bringen – nicht böse mehr. Über allen Dingen nunmehr Besänftigung. Innere Darmbewegung gewinnt unaussprechlichen Ausdruck. Auch Bildungsgänge der Worte üben sich leicht wieder ein, ob auch rauh von mannsfremder Lippe fallend. Warm Einflutendes ist als Ernährung bekannt, und armige Güte im Rücken verhilft dem Sitzenden dankbare Aufrichtung. Nicken und Lächeln findet immer Erinnerung – und das Traumhafte, ach, das Traumhafte legt sich so windstill ermüdet . . .

Zu liegen ist immerfort gut. In gedanklichen Wellen ruht nun am erleichterten Ende Gesprächigkeit mit sich selber Worte vermengend in schweigender – Nichts mehr, und bald ganz leer. Ein Tag ist gleich wie der andere Tag in der Grauheit Schwestern erfreulich die einlächeln, und bis die Nacht kommt dauert ein Traum nicht lange.

Schon ist der Glanz des Himmels durch alle Lüfte ergossen. Kann auch das Auge einmal zu viel trinken? Wieder wandele ich in stiller Versonnenheit über das Ewiggrün. Alles vergleitet. Der andere Hügel ist immer dem Herzen der nächste, und die Glocken des Glücks – läuten . . läuten . . Eine Wanderung füllt den Tag von Morgen bis Abend an, und die Müdigkeit legt sich am Ende, wie auch die Blume sich neigt abtropfend – und vom Himmel das Licht. Graue Wände schieben sich dann wieder eckig, einengend und traumverkehrt, doch geduldig darin zu liegen, ist auch nicht schlimm. Immer spenden nährende Wesen so Brot wie Milch, und ein Traum geht vorüber. Jeder gewesene ist aber kürzer schon, und leichter wird, was einmal so schwer gewesen. Denn an nichts mehr kann dies erinnern. Wie, meinst du, ist dies? Es scheint mir nur einem grauen Schmetterling gleich, der die Flügel noch langsam aufschlägt, auf denen alles gemalt ist – Wände und Bett und Fenster –

und das sind die letzten Worte. Wenn seine Flügel sich schließen, leuchtet die Landschaft auf. Immer steigt ein anderer Hügel auf aus der grünenden Ferne, und du mußt hingehn. Ja, die Langmut schöpft auch die Ewigkeit aus, und du kommst näher – näher zum Aufgangsort. Immer wieder vergeht nur Geträumtes in leichter Flamme. Worte bieten sich immer und es wird etwas Leichtes wie Blumengebären. Ist dein Herz, o mein Gott, nun offen geworden, die innere Frucht des Himmels, in Saft und Glanz zu erblinden? Was wartest du noch?

Da sind noch Schatten im verschwindenden Zimmer – fern sich lautlos bewegend. Beugen sich über – und ich liege in Schleiern grau eingesponnen und schweige mich aus. Sinken und Steigen . . der Atem trägt noch das leere Floß an das letzte Ufer . . Schatten in Schatten versinkend . . Schwere gelöst . . Bald – – bald – – der letzte Hügel wird – – steigen und – – die Unendlichkeit ganz. Noch einmal vielleicht – – atmen – – dann erwacht sein – – immer – – dort – – geboren – – o Licht – –

Da! Die Sonne geht auf.

NACHWORT

BERND RAUSCHENBACH

Freuds Dichter

Wie oft habe ich in diesen in mancher Hinsicht so leeren Zeiten an meinen Dichter gedacht und an welche Stelle des wilden Aufruhrs ihn die jetzigen Schicksale des deutschen Vaterlandes geworfen haben.[1] Albrecht Schaeffer, dem Sigmund Freud diese Zeilen am 19.9.1939 geschrieben hatte (also drei Tage vor Freuds Tod), war ein halbes Jahr zuvor nach New York ausgewandert – ein tiefer und tiefempfundener Bruch in einem bis dahin unsensationellem Leben.

Am 6.12.1885 wird Schaeffer in Elbing *im Schatten der Marienburg*[2] geboren; sein Vater ein Architekt, seine Mutter aus der Familie des Astronomen Herschel. Eine Abkunft, der er Bedeutung beimaß: *Sternseher und Baumeister; Durchfahrer der Himmel, Nomade des Dunkels – und Heimbereiter auf der Erde, Seßhafter im Licht.*[3] 1890 zieht die Familie nach Hannover, wo Schaeffer die Landschaft kennenlernt, in der später viele seiner Romane und Erzählungen spielen. In München, Berlin und Marburg studiert er – ohne Abschluß – von 1905 bis 1909 ältere und neuere Philologie. Einige Monate arbeitet er als Redaktions-Volontär einer Zeitung, dann versucht er, bis zum Ausbruch des 1. Weltkriegs von seinem Vater finanziell unterstützt, als »freier« Schriftsteller zu leben: Im Selbstverlag erscheint 1912 der erste, noch von Stefan George beeinflußte, Gedichtband; Rowohlt bringt im gleichen Jahr ›Die Meerfahrt‹

(Gedichte um Odysseus) heraus. Stefan Zweig wird auf Schaeffer aufmerksam und setzt sich beim Insel Verlag für ihn ein, der von 1914 bis 1934 Schaeffers Werk publiziert. Den 1. Weltkrieg verbringt Schaeffer in der Berliner Pressestelle der Kriegs-Beschädigten-Fürsorge; 1919 zieht er – inzwischen verheiratet – nach Neubeuern am Inn; 1931 wird, mit einer neuen Ehe, Rimsting am Chiemsee zum neuen Wohnsitz. An beiden Orten führt er ein dörflich-zurückgezogenes Leben fernab aller literarischen Kreise. Als *politikreiner Mensch*[4] ist Schaeffer zwar den Nationalsozialisten verdächtig, kann aber seine Dichtungen veröffentlichen (ab 1934 vorwiegend im Verlag Rütten & Loening) und hat keinerlei Verfolgung und Unterdrückung zu erleiden. So emigriert er im März 1939 nicht aus eigener Not, sondern weil zu diesem Zeitpunkt das älteste seiner Kinder schulpflichtig wird: *die Vergiftung ihrer Seelen durch die Pestilenz*[5] nazistischer Erziehung will er nicht zulassen. In Amerika führt er zusammen mit seiner Frau ein Heim für Emigranten-Kinder; zu Veröffentlichungen kommt es trotz umfangreicher schriftstellerischer Arbeit während der Kriegsjahre nicht. Im Herbst 1950 fährt Schaeffer allein nach Deutschland zurück – seine Frau ist in Amerika gestorben, die Kinder bleiben vorerst dort; er will seine und ihre Rückkehr vorbereiten, da stirbt er am 4. Dezember, zwei Tage vor seinem 65. Geburtstag, an einem Herzanfall in einer Münchner Straßenbahn. Keine zwei Wochen vorher hatte er den Literaturpreis des Landes Niedersachsen entgegengenommen: die einzige öffentliche Anerkennung in seinem Leben. Schaeffers Lebensweise als *Rhinozeros*, das *seiner natürlichen Einsamkeit zu überlassen*[6] sei, trug ihm auch bei seinen Kollegen wenig Aufmerksamkeit, wenig Anerkennung ein. Immerhin, Rilke bekannte in einem Brief an Katharina Kippenberg, er habe den ›Josef Montfort‹ *in einem oft gesteigerten Athem gelesen*[7] und empfahl ihn in seinem Bekanntenkreis. (Schaeffer dagegen las die ›Duineser Elegien‹ *fast mit Grausen* und hörte in ihnen die *heilloseste Geschwätzigkeit.*[8]) Bekannt oder befreundet war Schaeffer mit Hans Carossa, Rudolf Alexander Schröder, Otto von Taube, Felix Braun, Ludwig Strauß, Alfred Mohrhenn, Walter Ehlers – Namen, die heute wenig geeignet sind, die Erinnerung an Schaeffer wachzuhalten. Hans Henny Jahnn hielt bei Schaeffers Beisetzung in Hannover die Grabrede; Ernst Kreuder rühmte in einem Nachruf Schaeffers *barocke Intensität* und seine *unvergleichliche anschauliche Vehemenz.*[9] Seitdem ist Albrecht Schaeffer aus dem Kurzzeitgedächtnis der deutschen Literatur ausgelöscht. 1961 zwar schilderte Werner Vordtriede seine Begegnung mit Schaeffer im Exil[10], und 1973 bekannte sich Arno Schmidt in seiner Goethepreis-Rede zu Albrecht Schaeffer als einem *der für uns zuständigen, anregenden Vorgänger*[11] – greifbare Folgen hatte beides nicht: Das letzte Buch Schaeffers, eine Veröffentlichung aus dem Nachlaß, ist 1958 erschienen; wer eines seiner über 100 Werke heute lesen will, muß lange in Antiquariaten suchen.

Freilich: Ein Bestseller-Autor ist Schaeffer nie

gewesen. Die Auflagen seiner großen Romane und Erzählbände bewegten sich zwischen 8 und 12.000, die mittelmäßige Novelle ›Der General‹ erreichte als Ausnahme 60.000; viele seiner Bücher erschienen sogar nur als bibliophile Pressendrucke zu 100 Exemplaren.

Schaeffers Werk läßt sich keiner der literarischen Richtungen des 20. Jahrhunderts eindeutig zuordnen; und so blieb es auch bei all den Nachkriegs-Renaissancen von Expressionismus, Dadaismus, Neuer Sachlichkeit usw. unentdeckt. In einem Leben, das fast ausschließlich schreibend zugebracht wurde, ist natürlich auch vieles entstanden, das zu Recht vergessen oder nie geschätzt wurde. Schaeffers Lyrik ist gefühlsseliger, religiös gefärbter Schönklang; seine Dramen sind unspielbare Langweiler; viele seiner Novellen erschöpfen sich in hausbackener Psychologie; und die Prosa-Nacherzählungen der griechischen Sagen fertigte Benjamin ab unter der Überschrift *Der arkadische Schmock.*[12]

Was aber bleibt – auch wenn gegenwärtig kein Verlag in Sicht ist, der es den heutigen Lesern stiftete –, ist immer noch ein Wort-Kosmos, groß und schön genug, um sich auf Jahre in ihm zu verlieren. Bleiben werden Schaeffers Apulejus-, Wilde- und Homer-Übertragungen. Bleiben – und wenn auch ungelesen! – werden seine Versepen: die kleineren, wie ›Persephone‹ und ›Gevatter Tod‹, und das Eine und in der deutschen Literatur Einzige, Schaeffers an Sprache und Umfang maßloses Unternehmen einer Neudichtung des ›Parzival‹. Bleiben wird schließlich der Erzählkomplex um das fiktive (niedersächsische) Trassenberger Land: Ein gutes halbes Dutzend Kurzgeschichten, Novellen und Romane (darunter auch der ›Josef Montfort‹), die sich um den ›Helianth‹ gruppieren, einem 2400 Seiten starken Bildungs- und Entwicklungsroman. Ihn kann man, nicht was den Inhalt, doch was Sorgfalt und Komplexität der Konstruktion und Vielfalt der sprachlichen Mittel angeht, getrost Döblins ›Berlin Alexanderplatz‹ oder ›November 1918‹ an die Seite stellen. Die deutsche Literatur ist nicht so reich an Großwerken dieser Art, daß sie auf den ›Helianth‹ verzichten sollte.

Doch bei Albrecht Schaeffer stellt sich nicht nur die Frage, was da bleibe. Angesichts der Tatsache, daß von dem in Amerika entstandenen Werk kaum etwas veröffentlicht worden ist, darf man fragen, was da noch kommen könnte. Der amerikanische Nachlaß Schaeffers »ruht« (im wahrsten Sinne des Wortes) im Marbacher Literaturarchiv. (Die früheren Manuskripte mußten bei der Auswanderung in Deutschland bleiben und sind in einer Bombennacht verbrannt.) Hat Schaeffer sich in seinen letzten Jahren, wie Arno Schmidt nach der Lektüre der ›Verwechselung‹ vermutete[13], von Joyce anregen lassen? Hat er sich wieder, wie schon in früheren Jahren, mit der Psychoanalyse befaßt? Bei der altmodischen Zeitlosigkeit Schaeffers erstaunt es, daß er der erste Dichter war – (einmal abgesehen von »auch« schreibenden Analytikern aus Freuds Umkreis) –, der sich von der Psychoanalyse in seinem

Schreiben entscheidend beeinflussen ließ. 1916 widmete er eine Studie über Rilke *dem Entdecker der Kindheit, dem außerordentlichen Manne, Professor Dr. Sigm. Freud in Ehrfurcht und Dankbarkeit.*[14] Im Juli 1917 entsteht mit dem ›Josef Montfort‹-Kapitel ›Traumdeutung‹ die erste, eindeutig an Freuds Symbolik orientierte Traumniederschrift; auch in späteren Romanen Schaeffers gibt es immer wieder Träume und Traumsymbole, und Freud bescheinigt ihm *tiefes psychoanalytisches Verständnis.*[15] 1930 beginnt Schaeffer in der Zeitschrift ›Die psychoanalytische Bewegung‹ eine Diskussion über die in Freuds ›Unbehagen an der Kultur‹ geäußerte These zur Zähmung des Feuers; Freud antwortet ihm 1932 in ›Imago‹, und 1933 erhält Schaeffer (ebenfalls in ›Imago‹) Gelegenheit zu einem Schlußwort. Als er dann in Amerika das Feuer-Thema in seiner posthum und nur zum geringen Teil veröffentlichten ›Schöpfungsgeschichte der Menschheit‹ wieder aufnimmt, hat sein Interesse an der Psychoanalyse, so will es scheinen, stark nachgelassen: Das Thema wird fast ausschließlich unter mythologischem Aspekt betrachtet. Doch dann erscheint 1950 die Erzählung, die Freuds Aus- und nicht zuletzt auch Anspruch »mein Dichter« vollends rechtfertigt: In der ›Verwechselung‹ läßt Schaeffer den Träumenden – 20 Jahre vor Arno Schmidts Etyms – eine Traumsprache sprechen, in der die Worte zerfallen und befallen werden von Wunschvorstellungen und Tagesresten. Und der Dichter, dem in seinem Beginn kein Wort kostbar und gesucht genug sein konnte, der dann in den letzten zehn Jahren seines Lebens alle seine Hauptwerke neu schrieb, um sie von diesem Preziösen zu befreien, kann seinen nach Wörtern suchenden Träumer schließlich sagen lassen: *Es ist ja ein göttlicher Spaß, mit den Worten zu spielen, auf die es ja garnicht ankommt.*

Anmerkungen:

1 Sigmund Freud, Briefe 1873–1939. Zweite, erweiterte Auflage, ausgewählt und herausgegeben von Ernst und Lucie Freud. Frankfurt 1968. S. 476.

2 Titel einer von Walter Ehlers und Alfred Mohrhenn besorgten Auswahl aus Schaeffers Werk; erschienen in der Reihe der ›Elbinger Hefte‹, Essen 1951.

3 A.S., Abkunft und Ankunft; in: A.S., Das Werk. Eine Bibliographie, zusammengestellt und herausgegeben von Walter Ehlers, mit zwei biographischen Aufsätzen des Dichters und kritischen Glossen von ihm im Text. Hamburg 1935. S. 3.

4 A.S., Der Auswanderer. Erzählungen und Novellen. Überlingen 1950. S. 5.

5 ebenda S. 10.

6 Aus einem Brief Schaeffers; zitiert nach Mohrhenns Biogramm in: A.S., Im Schatten der Marienburg, S. 58.

7 Brief Rilkes vom 14.8.1918; zitiert nach dem Katalog zur ›Gedächtnisausstellung zum 75. Geburtstag‹ Schaeffers im Schiller-Nationalmuseum Marbach. S. 17.

8 Brief Schaeffers an seine Frau vom 18.1.1924. ebenda S. 26.

9 ebenda S. 19.

10 Werner Vordtriede, Albrecht Schaeffer oder die Symbole im Exil; in: Neue deutsche Hefte, Januar 1961.

11 Arno Schmidt, Rede zur Verleihung des Goethepreises; in: Goethepreis 1973. Broschüre der Stadt Frankfurt. S. 13.

12 Walter Benjamin in der Frankfurter Zeitung vom 1.9.1929.

[13] Brief Arno Schmidts an den Herausgeber vom 15.10.78: »Ja, das Stück vom SCHÄFFER ist erstaunlich gut; wirkt wie eine Verjüngung (er hat halt während seines Exils den Zugang zu JOYCE u.a. gehabt, der uns fehlte).« – Schmidt hatte ›Die Verwechselung‹ erst kurz vor diesem Brief kennengelernt; seine Bemerkung in der Goethepreis-Rede kann sich also nicht auf diesen Text beziehen.

[14] zitiert nach Katalog Marbach, S. 8.

[15] Sigmund Freud, Das Unheimliche; in: S.F., Gesammelte Werke, 12. Bd., London 1947. S. 256.

Zu den Texten

TRAUMDEUTUNG:
*Fünftes Kapitel
aus dem aus neun Erzählungen
zusammengesetzten Roman ›Josef Montfort‹,
1918 im Insel Verlag, Leipzig,
erschienen.*

DER MENSCH UND
DAS FEUER:
*Erstabdruck in der von A. J. Storfer
herausgegebenen Zweimonats-Zeitschrift
›Die psychoanalytische Bewegung‹,
Heft 3, 2. Jahrgang, Mai/Juni 1930,
erschienen im Internationalen
Psychoanalytischen Verlag, Wien.*

DIE VERWECHSELUNG:
*Erstabdruck in ›Die Neue Rundschau‹,
Heft 4, 61. Jahrgang 1950,
erschienen im S. Fischer Verlag, Frankfurt.
Druckfehler dieses Abdrucks
wurden nach dem im
Marbacher Literaturarchiv liegenden
Typoskript korrigiert.*